U0022823

心一堂當代術數文庫・李光甫作品系列・星命類・選擇類

星河金銀秘解

《星宗》與《河洛理數・金鎖銀匙》用法秘解

李光浦 著
心一堂編輯部參訂

書名：星河金銀秘解—《星宗》與《河洛理數・金鎖銀匙》用法秘解
系列：心一堂當代術數文庫・李光甫作品系列・星命類・選擇類
作者：李光浦　著　心一堂編輯部參訂
執行編輯：潘國森　陳劍聰
封面設計：陳劍聰

出版：心一堂有限公司
通訊地址：香港九龍旺角彌敦道610號荷李活商業中心十八樓05-06室
深港讀者服務中心：中國深圳市羅湖區立新路六號羅湖商業大厦負一層008室
電話號碼：(852) 67150840
網址：publish.sunyata.cc
電郵：sunyatabook@gmail.com
網店：http：//book.sunyata.cc
淘宝店地址：https：//shop210782774.taobao.com
微店地址：https：//weidian.com/s/1212826297
臉書：https：//www.facebook.com/sunyatabook
讀者論壇：http：//bbs.sunyata.cc

版次：二零一九年三月初版

平裝

定價：港幣　一九十八元正
新台幣　七百九十八元正

國際書號　978-988-8582-28-0

香港發行：香港聯合書刊物流有限公司
香港新界大埔汀麗路36號中華商務印刷大廈3樓
電話號碼：(852)2150-2100　傳真號碼：(852)2407-3062
電郵：info@suplogistics.com.hk

台灣發行：秀威資訊科技股份有限公司
地址：台灣台北市內湖區瑞光路七十六巷六十五號一樓
電話號碼：+886-2-2796-3638　傳真號碼：+886-2-2796-1377
網絡書店：www.bodbooks.com.tw
台灣秀威書店讀者服務中心：
地址：台灣台北市中山區松江路二0九號1樓
電話號碼：+886-2-2518-0207
傳真號碼：+886-2-2518-0778
網址：www.govbooks.com.tw

中國大陸發行 零售：深圳心一堂文化傳播有限公司
地址：深圳市羅湖區立新路六號羅湖商業大厦負一層008室
電話號碼：(86)0755-82224934

心一堂微店二維碼

心一堂淘寶店二維碼

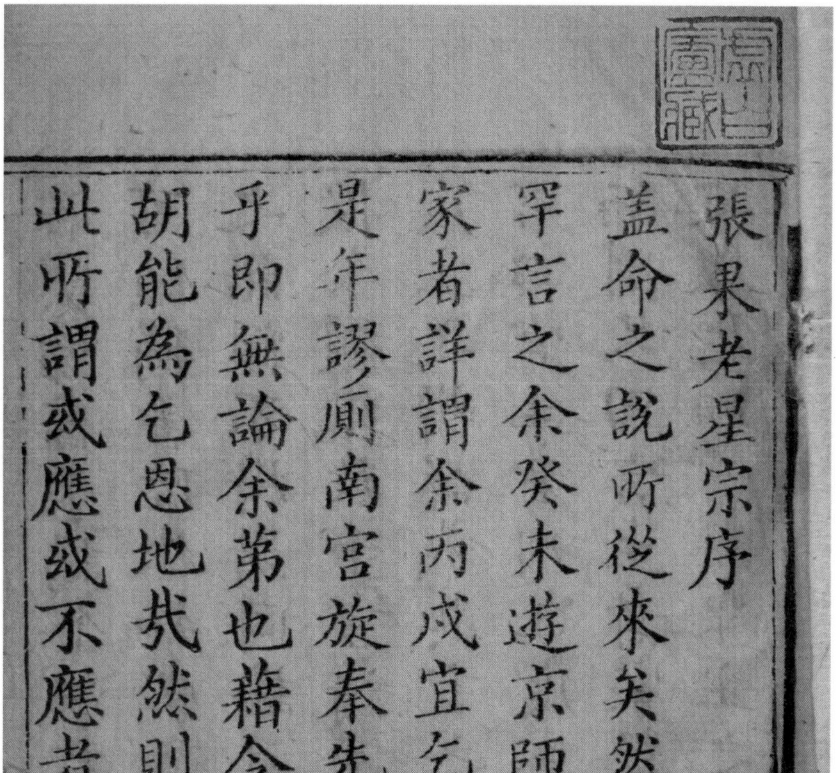

張果老星宗序

蓋命之說所從來矣然或應或不應儒者
罕言之余癸未遊京師不第則有號琴堂
家者詳謂余丙戌宜乞恩亦不第乃余以
是年謬膺南宮旋奉先大人隱廬山中嗟
乎即無論余第也藉令不第余且居廬亦
胡能為乞恩地哉然則琴堂家是耶非耶
此所謂或應或不應者也一日陸生以汪

《張果老星宗大全》(虛白廬藏明刻本)書影，心一堂出版。現存已知海內最早的版本，明刻本。

河洛理數序

易逆數也數盡之矣註易家紛紛此謂數此謂理此謂理先於數此謂理數合一何舛乎夫當期之數凡天理之數當萬物之數不聞又有期之理天地之理萬物之理反對也天一地二天三地四天五地

《河洛理數》(虛白盧藏明刻本)書影，心一堂出版。現存已知海內最早的版本，明刻本。虛白盧藏明刻本《河洛理數》比北京故宮舊藏明刻本《河洛理數》(輯入《故宮珍本叢刊》)略早。

刻補河洛水部叅評訣

男命横看　女命横看　歲運横看

三三〇

洞門無鎖鑰　閨門深似海　半空明月稀

便是一開入　應不染紅塵　一枕清風靜

三三一

月在清波底　年來十二月　酒醒何處去

維舟向柳邊　月長日西沉　柳岸曉風輕

三三二

商山秦嶺花　花果一時新　商山採藥去

開向三冬雪　回首四雨隔　意望作神仙

四三三

元霄好燈燭　紫燕語離情　將軍欲斷橋

却向五更明　新巢重引子　謀為何計策

河洛理數　卷六　水　十八

《河洛理數》(虛白盧藏明刻本)中《金鎖銀匙》部份書影。見坊間數種《河洛理數・金鎖銀匙》據《河洛理數》翻刻本再重排，較之明本，魚魯亥豕，錯漏百出。

河洛理數　卷之

二五三四　三年不言道　牛女星方度　梅花開雪下
　　　　　夢傳說旁求　誰家波浪生　已自壓群花

二九三五　觀鼎取其象　花上鶯聲急　蒼鷹與良犬
　　　　　稼穡下艱難　東風歎短長　須日漸從遊

二七三六　結繩代書契　革故取鼎新　駿馬已登途
　　　　　八卦未曾成　姻緣事非偶　阻防蹄暫住

二六三七　華渚星虹動　羅帳怕霜侵　鳳鳴在高岡
　　　　　海棠雲雨飛　雲外衣裳冷　百鳥皆集視

二九三八　鴻毛飛白雪　惟願日長好　用扇作飛簾
　　　　　羊角上清霄　旬西還自東　黃塵如風捲

《河洛理數》（虛白廬藏明刻本）中《金鎖銀匙》部份書影。見坊間數種《河洛理數・金鎖銀匙》據《河洛理數》翻刻本再重排，較之明本，魚魯亥豕，錯漏百出。

星河金銀秘解──《星宗》與《河洛理數·金鎖銀匙》用法解秘

李光浦作品系列

——《星河金銀秘解——〈星宗〉與〈河洛理數·金鎖銀匙〉用法秘解》前言

合浦李光浦老師為當代星命學大家，二零一七年丁酉歲，李光浦老師委託心一堂刊行其壓卷之作《皇極經世真詮——國運與世運》，是書揭露宋儒邵雍《皇極經世》配合漢儒焦贛《易林》的緊密聯繫，再參以七政四餘之學，推算世運及國運。是書刊行之後，大獲好評，當為李光浦老師數十年精研易學豐碩成果的總結。

《皇極經世真詮——國運與世運》出版後，心一堂有幸得到李光浦老師允可，重新修訂出版李光浦老師術數方面舊著及未出版作品，心一堂編輯部並參考《心一堂術數古籍珍本叢刊》中有關古籍的珍稀最佳版本，協助重新修訂，編成《心一堂當代術數文庫·李光浦作品系列》。李光浦老師便將有關文稿、修訂筆記及有關資料交予心一堂，心一堂隨即展開《心一堂當代術數文庫·李光浦作品系列》的出版編校及修訂工作。

《星河金銀秘解——〈星宗〉與〈河洛理數·金鎖銀匙〉用法秘解》是在李光浦老師於二零

一零年在網絡發表的一系列擇日短文，再整理修訂而成。其法以果老星宗七政四餘之學的天星為經，以《河洛理數．金鎖銀匙》詩偈為緯，將星宗之學與河洛理數結合，逐日推算當日行事吉凶的時辰，並分男女論斷，與現時坊間用法大相逕庭。李光浦老師原稿中引用的《河洛理數．金鎖銀匙》是通行本坊本，版本不佳，文句有不少因傳鈔或翻刻等問題而造成的魯魚亥豕錯字情況。是次整理修訂時，我們參考了海內現存最早及最接近原面貌的虛白廬藏明刻本《河洛理數》（即將出版）中的《金鎖銀匙》，並在長達幾個月時間中與李光浦老師經常溝通就《河洛理數．金鎖銀匙》版本文字及條文編號問題斟酌，最後才完成校正書中所引《河洛理數．金鎖銀匙》的內文及條文編號，并定名《星河金銀秘解——〈星宗〉與〈河洛理數．金鎖銀匙〉用法秘解》。

讀者精讀是書，當可從這一百五十多天的示例之中，總結出李光浦老師無私揭示的秘訣精髓所在，據此，當可領悟及靈活運用《星宗》與《河洛理數》。

除此之外，心一堂同時在整理修訂李光浦老師術數方面著作，包括《果老星宗新詮》（修訂版）、《鄭氏星案新詮》（修訂版）等等，敬希讀者垂注。

心一堂編輯部謹識

二零一八年歲在戊戌孟冬吉日

自序

我為甚麼想寫這本書？最簡單的答案就是，這是本很容易寫的書；祇要我拿出星曆（Ephemeris），參考《河洛理數》①的〈金鎖銀匙〉後就可以描述出我看到圖象，寫下我所說的一些話，猶如寫日記無異。然而，由於我曾經說過：「要寫好的東西，一定要有自己的創見和發現，東抄西炒那些沽名釣譽的文字祇是「腐儒所為」，我不能不再一次肯定在這本書中，自己要做的也是這樣。

時下屬於「通書」的年鑑實在不少，甚麼如「牛」年、「虎」年運程的應時東西在報攤都不難覓得；所謂「通勝」、「民曆」之類的作品已經變成江湖術士的自我包裝的產物！因此，今天很難見到「以垂永久事」之「選擇通書萬年曆以昭畫一」的《御定星曆考源》和《欽定協紀辨方書》的鉅著了！不僅如此，像這兩本典範之書，連同《玉匣記》在內，更因「術士之妄說」而變為「支離蒙昧拘牽謬悠之說」！

雖然康熙時李光地的《御定星曆考源》於二十一世紀已有點不合時宜，但他用到的卻是「中

① 《河洛理數（虛白盧藏明刻本）》下冊，心一堂，頁二八七至三六六。本書引用「金鎖銀匙」詩偈皆自此。

學為體，西學為用」的天文學；《欽定協紀辨方書》是他死後，要到乾隆時才完成，出自二十九個欽天監團隊之手。他終於可以瞑目了！

認真研讀過卷二十至三十二的人當會看到今天的所謂《通勝》都以之為藍本；不是抄抄引引，就是故弄玄虛——其實卻是囫圇吞棗吧了！

我在這本《星河金銀秘解》要做的是：以二〇一〇庚寅年一月至五月男女吉凶每日談，作為《星宗》與《河洛理數・金鎖銀匙》用法舉例。不過我要強調的是，所謂「吉凶」則男女有異。我的取向仍然和李光地一樣：「中學為體，西學為用」。我要比他更徹底，原因是我的每日談是根據星象，每個時辰因命宮的不同而致「吉凶」有共。日間的時辰是人活動的時刻，所以屬於夜間的——如無特別的事——我會置之於次要地位，也用不着為之而大書特書。「諸事不宜」的日子並不存在；星象不會有二十四小時都不好的。其實，「吉凶」並不可有不變的定義，正如「我們對古松的三種態度」，藝術家、建築師、生物學家說到的「美」不是一樣的。大的得失才有吉凶；人「順天者存，逆天者亡」。《易經》用到的「咎」、「悔」、「吝」比較好點，不能補救是「咎」；有小過的則為「悔」、為「吝」。我在每日談不能不用「吉凶」，因為「吉凶」已為日用言語的一部份，但讀者不妨考星象語言之脈絡意義，不可固執傳統的法則。

李光地的「中學為體，西學為用」是甚麼一回事？在此，且讓我用深入淺出的話說一下。

我們都知道地球上東南西北這四個方向是甚麼吧！如果我們將圖中的東南兩向間劃三等份的話，可以粗略地指出「甲」是東南偏南地區，「乙」是東南之間，「丙」則為東南偏東之地。如是，此圖四方所見是十二等份。假若我們將寅卯辰為東，巳午未為南，申酉戌為西，亥子丑為北，所得的便是地面上的十二地支之封地。①地面可以這樣劃分，則天空也不能例外！Zodiac源於希臘文，意謂動物之圈（Circles of Animals）——這就是我們的十二生肖。我們今天所說的十二生肖是否早於希臘？也許應問的是：由於Zodiac源於巴比倫，中國的十二生肖又是怎樣來的？

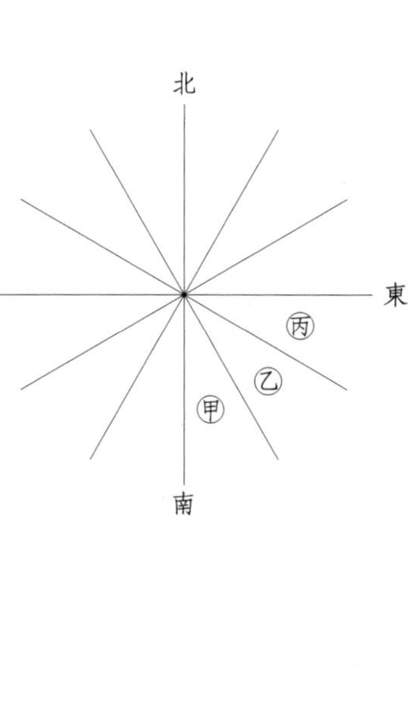

① 由東南西北四方位而引出十二地支之封地之外，有所謂二十四山亦由此而出。

上世紀初牛津大學出版了C.J.BALL的《Chinese and Sumerian》一書（一九一三年），力證中國的甲骨文源於巴比倫那些磚石文（Clay Tablet）。我未見有中國學者在這方面有甚麼學術文章。自鴉片戰爭之後，中國亂完又亂，哪有人有閒情去玩學術遊戲呢？！在占星學而言，那就更不足論矣，我舉出這實例，意在指出李光地中「中學為體，西學為用」是徹頭徹尾的西洋占星學，中學也者其實是「經過包裝」而成的。

好了！且讓我們看看今天的《通勝》中用到的刑沖破害，這四種觀念是每天的時辰吉凶之釐定標準。

三刑：申刑寅，寅刑巳，巳刑申，子刑卯，……

六害：子未害，丑午害，申亥害，……

六沖：子午沖，卯酉沖，……

破：丑辰、亥寅、酉子、午卯、……

「破」是角度為90°，刑亦然。「害」是150°，沖是180°。

至於好的有三合、六合，前者是拱照的120°，後者是星盤上由地球作觀察台見到的星序──水（申巳）、金（辰酉）、火（卯戌）、木（寅亥）、土（子丑）的星序，加上午未的日月──七政。

地球繞日運行，而自己也在自轉；在南中國日出於卯，十二個時辰的自轉令人可以觀看到十二天宮移動。月球也一樣繞地球而轉。每天繞地而行，但卻要約三十天才完成一周，這就做成了月球每天祇行13.2°或每小時0.55°於天宮上的度數。最簡單的結論是：地球每個地方的十二方位（由東南西北方位而來）與黃道天宮的十二方位是相關的。

太陽在卯宮約三十日，由十月二十三日至十一月二十二日，這天地球上日出於卯的地方（如香港）上來說就是：天之「卯」也是地之「卯」。但換作是別的日子，如一月一日，則日在「丑」，香港日出於卯時，地上的「卯」是天上的「丑」。天上各方位的星盤名為「天盤」，地上的則為「地盤」，兩盤俱用十二地支來劃分十二方位。

李光地《星曆考源》一部份是「天」「地」兩盤上方位比對下而得的，另一部份則用十天干「甲乙丙丁……壬癸」。這十天干代表的是月相──朔望、上下弦①。十天干可以和天盤十二宮相比，正如和地盤相比一樣。所有神煞無不由此而生。

① 魏伯陽《周易參同契》卷上述及月相，繪成之圖如下：

月球從不會見於正南和正北，故己與戊分別為離坎之北無月相。初八之時太陽西墜月見於戌。朔日之時，月在太陽與地球之間，日落於酉，故以申之坤地與日同升落。望之際，月和太陽之間為地球所在。三者成一直綫：日落月升，日出則為月落之時。望後，月出東南；下弦，月在東南，夜間升起，午間西沉。

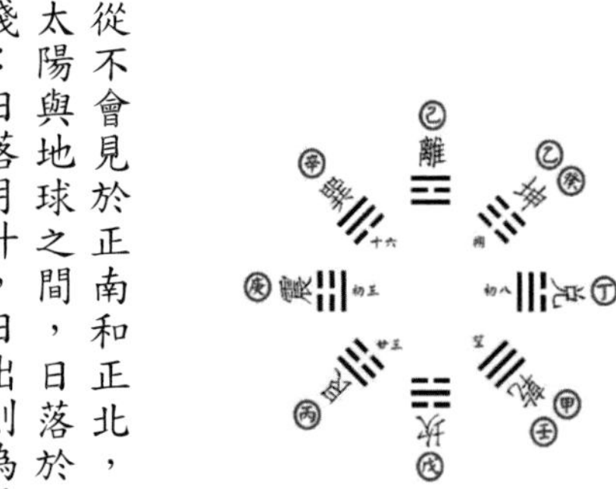

《河洛理數》將以下之魔術方塊套入上面之圖得：

四	九	二
三	五	七
八	一	六

這是天干之數，配以地支起卦，先後得先天卦和後天卦；地支之數是「巳午二七火，寅卯三八木，亥子一六水，卯酉四九金，辰戌丑未為土五十居中」。

李光地對此頗有微言：「今按先天之圖八卦俱備而納甲除去坎離為二用，則其法亦不盡合。」筆者認為「管他白貓黑貓，可捉老鼠便是好貓」；我視這些數字為可用的臆說（Working Hypothesis），如果《河洛理數》有預測力，則定是科學的。然而，我倒懷疑此魔術方塊是否國產——楊輝談方塊是十三世紀下半葉，而於耶元一千一百年阿拉伯哲學家加沙里（Gazzali）的則早見於著作中！

西洋占星學不是不談神煞，如150°的所謂「上帝手指」就是Quincux——兩個150°底角和60°頂角等腰三角形之三點於二十八宿躔點上的星位。拱照（Trine）、對沖（Opposition）、直角90°……有星則是落實。單靠八字（每時辰都可用四柱寫出來）而搬弄三合、六合、刑、沖、破、害……的吉凶則難免鑿空蹈虛了——這祇是「空」談八字，那裏可以算得是「研究」呢？！

因此，我要做的是比《御定星曆考源》和《欽定協紀辨方書》更切實際，以每天的十二時辰談「吉凶」，傳統通書的「宜忌」的事太多不切實際了。甚麼「上倉」、「裁衣」、「開渠」、「洗頭」……都是多餘的。

星象中最吉的是拱照，最凶的是對沖和奴星戰鬥。吉時天天都有，凶時亦然。男女有別，男女都吉的時辰最佳，妳的凶也許是他的吉，他吉亦未必是妳會凶，祇有星盤上的星象可說得出來。為甚麼《通書》都不提男女有別，因為作者不懂。

《河洛理數》的「金鎖銀匙」作者知道男女有別，可惜該書一直被忽視；古本祇借它來點出命局，以及用於歲運流年（子平八字）！用「金鎖銀匙」來看流日男女之吉凶從未有人說過，敢於談的人也很少。三年前大陸有名為金泉的人公開鐵板神數①，窮舉取數十二法中有「元堂取數

① 金泉編著《鐵板神數預測學》，北京，中國國際廣播音像出版社，二〇〇六。筆者用作者所言元堂取數法之外的十一法起例研究過自己、亡妻，和三個兒女的命，所得的結論是，十一法遠不及《河洛理數》。可以這樣說，《鐵板神數》沒有甚麼了不起，考六親根本是一個神話罷了。

法」，偏偏祇談及如何定元堂就算了，不似展示其他十一法去逐條演算所得之條目。其實，他應該知道鐵板神數的骨髓是河洛理數，而非甚麼六親考刻。然而，他也許有自知之明，因為他無法運用「金鎖銀匙」，所以才不談河洛理數中的詩偈，甚至隻字也不提及。

在我這本書中，我將「金鎖銀匙」如何應用公諸於世；我不以為江湖術士可以學得到，因為他們不懂詩。沒有星盤則詩偈之意義便不能看得出來。星盤天天不同，不懂七政四餘就是缺乏了必須條件。星盤上的「象」比詩偈可以揭示出來的還要多，但在每日談中，祇找出詩偈說的就夠了。

詩偈和星象用到的語言有其獨特之處，因此我祇能循步漸進，逐步將內容寫得淺白；開始的每日談似乎有點學術化，但我會在稍遲之後將之盡量通俗化，務求讀這本書的人找到他們需要知道的。

筆者研究《河洛理數》已有二十年多，但卻一直沒有將其應用之處提出來詳細的談。這次，我用「金鎖銀匙」來談及流日吉凶還是第一次。為此，我也將好些過往的實例附於書後以作參考之用。

我想透過中西星命學和「河洛理數」撰寫《星河金銀秘解》，這是從來沒有人做過的事。《通書》將時辰分為吉、中、凶三類，我看不出對擇吉有何幫助，更何況在同一個日期中之

「宜」「忌」說及的甚麼理髮、動土、遠行、會友、訂婚、交易、求嗣、裁衣……之類的事與之有甚麼關係可言，最重要的就是擇一個上吉的時辰，而這個時辰要跟「河洛理數」的「金鎖銀匙」有相容和一致性。

我會怎樣去撰寫我對時辰的看法呢？這本《星河金銀秘解》——二〇一〇年庚寅吉凶每日談——可以說是一本「年鑑」，一年三百六十五天，天天都有吉凶時辰，但我會逐一點出男女俱吉、俱凶、男吉女凶、男凶女吉四種之別。我用到的是「金鎖銀匙」和《果老星宗》星盤。每月有兩或三張星盤，讀者可置之不理。這是我作觀星用的，讀者在我詮釋出來的詩偈中當會明白其義。二〇一〇庚寅年始於公曆二月四日，二〇〇九年己丑於庚寅立春一刻前才完結，由一月一日到這刻前是火年，而庚寅年則為納音的松柏木，是木年。參本書〈附錄〉《河洛理數・金鎖銀匙》原文(據心一堂出版明刻本《河洛理數》底本)中「河洛木部參評秘訣」原文。讀者可以在我詮釋時所示之「數」查看原文。

既然我要寫「每日談」，我得點出最吉和最凶的時辰，誰不想趨吉避凶呢我？！為有助讀者了解這方面的事，我不能不在這兒一談自己的經驗，以不同的實例展示自己的所感和所知，更希望以下的一切有助於《星河金銀秘解》的閱讀。

由《河洛理數》說起

香港和台灣兩地年年都有不少「民曆」、「通勝（通書）」、「流年運程」的東西面世；隨着出版自由風氣的與日俱增，祇要你學會抄襲《玉匣記》、《欽定協紀辨方書》、《楊公摘日》之類的書，再加上一些「千字文」、「周公解夢」、「劉伯溫燒餅歌」、「張天師符」、「稱骨歌」……一本類似「年鑑」的書便不難編撰出來了！

我在年幼時已知道《通書》的流行，去到美國後也讀到《農夫年鑑》、《占星年鑑》之類的東西。

在自己涉獵到所有這些書中，我最感興趣的是談月或每日吉凶的一部份。然而，我到今仍未見到是言之有物的——同屬一天的時辰竟然有人說「凶」，有人說「吉」。不僅如此，沒有說的是指男抑是女。當然，在仍以男性為中心的社會來說，顯然作者用不着考慮這點了！《易經》觀卦二爻有言及「利女貞」，女喜男悲也；西方報章占星專欄也時而強調作為女人的火星——跟男人用金星相提並論，洋人知道男女吉凶有別。我多年研究《河洛理數》所得的結論是，男女命不會因八字相同而流年、流月，甚至流日無異，即使是在同一日的時辰而言，男「吉」不一定女也吉，女「凶」也未必男凶。

因此，如果一對男女要擇吉的話，他們就須找一個對男女都「吉」的「吉時」。所謂黃道吉日也不會每個時辰對他們都有利的。傳統的擇善求真從不曾將「女」人放在眼內，江湖術士說一句「女命從夫」就避開解答男吉女凶有異的問題。

時至今日，身居要職的婦女一天比一天的多。不要以為女人不能做總統、總理，也許以男人為天下的日子不會太長了！女人的才能不會比男人差。

所以，我寫這本書時的對象一定要包括女人在內。

（一）我一生以來的首次擇吉

自從在《命運組曲》為自己擇吉之後，我到現在一直都沒有再作第二次；在該書中我取「日月合璧」星象作為動筆寫作的時刻[1]，求其吉祥也。當時我祇談星象，沒有用《河洛理數》的「金

①　純格是日月同在戌宮中奎宿和壁宿上，一年祇有幾天而已，變格是指拱照，即日月相距三個天宮。見李光浦《命運組曲》（修訂版），心一堂即將出版。

鎖銀匙」作詮釋之用。其實，星盤上的木月同宮乃《果老星宗》說的「桂林一枝」①，而「金鎖銀匙」則為「蓮花隨步起，風雨過池塘」：有風雨到來，蓮花隨步起，避開其鞭撻。會否在這次擇吉的星象和「金銀」所言是我二〇〇三至二〇〇七年的寫照呢？看來的確很貼切，尤其是我於禽流感一年返港，心律不正常要做手術；之後回美半年，繼而返港，去祈福、樟木頭住了差不多兩年才安頓下來。

我以現身說法為實例，目的是點出「天垂象，見吉凶」。但是，我也要指出一事，吉凶不一定需要分為兩橛，而好些時候二者是揉合得難以分割開來。「天覆地載」乃事實，但不同的人卻又有不同的活動；假若換作是另一個人——如果是女的——則「金鎖銀匙」便是「芳草碧連天，塵襟臨弦索」而非「蓮花隨步起，風雨過池塘」了。弦索是一種以絲發音的樂器，面對怡人的春色，也祇有在風塵撲撲中奏樂；東奔西跑的日子太多了，如果不好好安定下來，恐怕愛情、婚姻都會變質。

我這次擇吉的日期是二〇〇二年二月二十二日，取亥時。二〇〇二年是壬午木年②，二十二日

① 李光浦《命運組曲》（修訂版），心一堂即將出版。
② 納音：「壬午癸未白楊木。」

是辛酉。在納音的木年用酉日亥時，或者亥日酉時所得的「金銀」詩偈就是談及到的男女兩則，祇有「二三二五」一數，「三一二五」之數並不存在。到此，由於庚寅也是木年①，一年之中會有很多屬於「二三二五」管籲的「時辰」。假若有一對男女擇吉所得之數是「二三二五」，婚後在感情的維繫而言（如有驗的話），做妻子的看來比做丈夫的辛苦多一點了。

明年庚寅（二〇一〇年）總會有人結婚，酉時行婚禮在香港地方時是指約5:24～7:24的下午黃昏時分。婚姻註冊處下午六時之前還辦工嗎？牧師、神甫、法官會否這樣晚做證婚的手續？！

我當年寫書，星象所昭示的已足夠了！但若果不談星象而祇看詩偈，詮釋會是這樣：「未寫成之時如有意想不到的阻滯，我也會安然渡過，書成之後即使有風雨也無妨；別人的批評、攻擊也傷不了我。書是好的，桂林一枝，此枝獨秀。」

① 納音：「庚寅辛卯松柏木。」

（二）明仁皇太子和美智子的結婚大典

這是上個世紀的一件盛事，日期是一九五九年四月十日早上十時。此大典的八字是：「己亥，戊辰，壬戌，乙巳。」己亥是木年①，「金鎖銀匙」用「戊巳」兩字計算得兩數：

（巳）　二六二〇：男「碧落出烏輪，眾星拱北斗」。

女「難許自由身，是心難飛走」。

二八二〇：男「清淡梧桐樹，風搖金井間」。

女「鶯花三月景，天氣又重新」。

臺灣商務的《美智子與雅子》（齊濤著）寫得十分詳細。皇太子選擇民間女子為妃轟動全國，而他們二人的邂逅到結婚更是傳奇。好事多磨，美智子要逃避，甚至出走，到頭來也是走不了！皇室是否為婚禮擇吉？齊濤沒有說，但他卻寫下：「當天有兩萬對情侶，藉這好日子結了

① 納音：「戊戌己亥平地木。」

婚，可見熱潮沖騰程度。」這兩對情侶看來不會是同時擇取巳時吧。此例中「二八二〇」（男）可以不用。其他的十一個時辰怎樣，現在就讓我將之列出來看看：

（卯）　二六一八：男「身自攜筐去，憂勤等採薇」。
　　　　　　　　女「〇〇〇〇〇，〇〇〇〇〇」。
　　　　二八一八：男「掌上握風雲，前身已先定」。
　　　　　　　　女「蘭房花正開，門悵人如玉」。
（辰）　二一七九：男「夜寢游仙夢，通靈各有神」。
　　　　　　　　女「江水映秋風，水落花去速」。
（午）　二五二一：男「把扇作飛簾，糞塵咸席捲」。
　　　　　　　　女「〇〇〇〇〇，〇〇〇〇〇」。
（未）　二四二二：男「東海植扶桑，西海載弱水」。
　　　　　　　　女「天外應聲孤，換醒佳人夢」。
（申）　二三二三：男「三月無根柳，空中舞柳花」。

女「梨花滿院春，莫收春帶雨」。

（酉）二二二四：男「滹沱冰雪飛，足踪履冰跡」。

女「鑿池通流水，開闢天外風」。

（戌）三三二五：男「斧柄在我手，山行隨意行」。

女「水邊佳會處，休唱阿奴嬌」。

（亥）二二二六：男「四境風雲起，金烏照太空」。

女「四野風煙暝，飛花落燕泥」。

（子）二三一五：男「多少魚蝦出，波流天日紅」。

女「紅梅映蒼竹，惟大歲寒情」。

三一一五：男「趙人兼晉壁，歡時起利心」。

女「活計水中萍，姻緣風裏絮」。

（丑）二四一六：男「金烏未出海，玉兔已先沉」。

女「莫恨花飛急，枝頭子漸垂」。

三〇一六：男「水影照天文，森羅成萬象」。

女「片雲天外飛，方見雲中月」。

（寅）　二五一七：男「金魚溝內躍，風動紙鳶飛」。

女「玉雲荷盤裏，瓊珠碎碎圓」。

二九一七：男「江上一犁雨，芳菲起淡煙」。

女「月兔夜光圓，向晚金烏出」。

（以上之數由時辰、日支而得）

婚姻牽涉到兩個人的事，男女俱吉者在此例子唯巳時而已！如果男方祇為自己，不為女方着想，這並不是我寫本書之目的。譬如就子時之詩而論，星盤見火在妻宮，有陰刃和天雄，夫妻不和也！換作是別的事則作別論，這就是下面的一例，可納入「商議」或「交易」，「談生意」來看，用男而不用女。

（三）美國東印度艦隊總司令佩里向日本扣關

一八五三年七月八日（六月三日）下午五時江戶灣（東京灣）有四艘巨大黑色軍艦扣關，日本的鎖國國策面臨挑戰。日本此日日出於寅①，故扣關時之八字是：

癸　丑
己　未
丙　子
庚　戌

所得「金鎖銀匙」兩數是「二三一五」、「三一一五」。於此，要看的是「男命」，絕對不取女命的數。很顯明看到的是「趙人兼晉壁，歡時起利心」是指美國，一八四八年打敗墨西哥後

① 寅時是指地方平時早上三時至五時；由於地方之緯度因太陽光南移、北移於南北回歸線間，高緯度的地方不會天天都現出於卯時。

取得加州，捕鯨船隻在太平洋可以有活動和發展。不僅如此，商船亦能向東方擴張，不讓歐洲國家獨霸亞洲之市場了，至於日本則是「多少魚蝦出，波流千日紅」，如此一塊肥豬肉怎能不令美國垂涎呢？

（四）阮玲玉自殺身亡

要找一個像我為開筆寫書的實例並不容易，原因是我從未遇到這樣的女性。也許，我得用阮玲玉自殺的時刻了——詳見《命運組曲》。她自殺時是三月八日，一九三五年是乙亥（火）①。因此，用癸未日壬子或癸丑時所得女命的《金銀》分別是：

（子）女：「秋月天上來，清光照世間；出海珊瑚樹，枝柯只自垂。」

（丑）女：「金石兼盟好，光陰自短長。」

① 納音：「甲戌乙亥山頭火。」

「出海珊瑚」不會生存下去，「光陰」短的也消失得無形了！這完全符合我於《命運組曲》所陰的果老星盤：不死於子時則丑時。

至於（子）（數）「二六三八」、「二八三八」、「二七三九」男命之詩偈會否與她有關，或者，是不是她「情夫」的真像，那不是問題的所在了！更何況，「清波泛百川，引出蓼浦澤」、「鐵船再江水，船內有魚游」、「冬生秦嶺上，蘭蕙出蓬蒿」中任何詩偈並無相關之處。

本來，我一直想看看戴卓爾夫人二十多年前到達中國國土一刻或在北京石階上跌倒時的鐘點時刻，可惜找不到資料。如此的一件重要事件定必有值得一窺的玄機存在。

我在郭中豪《古今七政五餘析義》見到另一實例，是已故豔星陳寶蓮上法庭受審，她遲到了，「上庭時又答非所問，又中途說要如廁……最後法官只罰款四千元了事，但不留案底。」這天是二〇〇〇年十一月十日，開審時間是上午9:30。「二四一九」：「更深玉漏殘，月裏嫦娥去」，「三〇一九」：「嫩笋出階前，楊花飛滿院」——箇中實情，非外人可知了！

女人與女人談生意，原則上看數中女命的詩偈便成，猶如兩個男人談交易要用男命的數。至於異性而言，一男一女於非感情上的關係，即便各自為己，我相信類似「明仁皇太子和美智子的結婚大典」仍是最佳的擇吉時刻。

（五）一個隱藏玄機的電話

一九八二年十二月十一日這個晚上，曼①撥電去加州給她在崇基時的一個同學，她名為羅XX（已於前幾年辭世），目的是告訴她知道自己有不治之症。正因是這個電話，我們才赴三藩市，還是《我在星命學旅途中的奇緣》提及到我們去到菲頓（Felton）練氣打坐的事。對於這個電話，我記得很清楚，猶如昨日的無異——時間是晚上八時多。十二月十一日於明城②是日出於辰，真八字是「壬戌、壬子、戊辰、辛酉」。壬戌年屬水③，用辰酉兩地支得《金銀》，女命極凶：

二六二八＋五＋一〇等於二六四三：「水上種仙花，花開根未穩」。

二八二八＋五＋一〇等於二八四三：「○○○○○，○○○○○」。（一圈一凶，十圈十凶）。

這兩詩偈解釋了曼再沒有回到明城的可能了！

① 曼：作者太太閨名。
② 明城：美國明尼蘇達州明尼加波尼斯。(Minneapolis, Minnesota, U.S.A.)
③ 納音：「壬戌癸亥大海水。」

這實例也說明了同性朋友之往來關係也藏玄機。即便不知對方八字，如果有「第三時刻」的話，彼此緣份怎樣仍然是可知的事。「二八四三」十圈十凶驗於曼，因為她八字的河洛理數大運也是「二六二〇」：「〇〇〇〇，〇〇〇〇」的十個大圈，由大運壬戌和日柱乙巳之「巳」「戌」而得，流年是〈大畜〉上爻：「天衢一道總亨通，深淺根基謾費工，一個婦人攜錦袱，龍身虎爪伏場中」。（果老星盤中曼死於「飛星破祿」的凶象①。而今，她於《鬼谷子算命術》「癸丙」也指出「朋友不遇知心」、「當年作別皆非友」。這一切豈能不令我感到震驚！！

話說回來，「水上種仙花，花開根未穩」應指曼這個朋友。她喜談玄釋，但自從投身於地產生意後，大學時代的氣質已不復存在。曼知道我不喜歡這種人，所以很少交往，甚至音訊也差不多沒有了。不知怎的，一九七九年曼卻收到羅的耶卡，是由別的同學處取得我們地址的。自此之後，她們便重拾大學時代的友誼。我和曼是在十三日早上赴三藩市的，由於跟羅的練氣老師去紅樹林後，不見好轉，於是我試圖與曼回明城。羅很不高興，曼已無主意——十五個吊桶，七上八落——她已病得很嚴重了。無奈當時我不明白，未想到「死亡」的事。為此，我於十七日回明城，二十二日早上攜三個兒女去三藩市會曼。

① 李光浦《果老星宗新詮》（修訂版）案三，香港，心一堂，即將出版。

天啊！去到Telton後才知道我不在之時，曼祇有自己一個人在渡假屋中過夜：羅沒有到來陪伴她。曼對我說及癌症令她不能入睡，很痛，很痛。我要帶她返明城了！料不到的是，羅的一個朋友可以安排赴馬尼拉見治癌神醫，她是一位女牧師，也曾為了癌症在神醫處做手術。在耶誕的深夜，我帶曼往馬尼拉求神蹟去了。

我從不曾怪責羅令到曼客死他鄉，決定赴加州和菲律賓是我們夫妻兩人的事，與她無關，但我不能不指控羅漠視曼的安危，要她獨自在渡假屋中單獨的過五個晚上。《命運組曲》題辭的一首中英文詩是這樣寫出來的！它是我血淚之作。

「水上種仙花」是羅，她乏慧根，祇懂得滿口玄釋之道的人，又怎會有穩固的慧根？！「花開根未穩」是「金鎖銀匙」對她的裁決！「以行動去做較空口說白話」更為有力，英文的Actions Speak Louder Than Words這句名言不無理由了！

我可以由《河洛理數》、《易林》、《果老星宗》、《諸葛神數》，以至《鬼谷子算命術》結緣，進而發現其中玄妙，這一切都是曼幫助我而得的。

她辭世的那個早上剛好是半島醫院交更時分，她突然嚷着：「我透不到氣……」，在牀上挺起身撲向我，這時我坐在她病牀旁的椅上，我也馬上站起來，彼此摟抱着。我伸手按電鈴，醫生來了，替她注射瑪啡，曼終於在3:30P.M.去了！

我自曼瞑目後一直感到她在我身邊。

「難許自由身，是心難飛走」！

（六）「金鎖銀匙」可作卜算之用嗎？

我的答案是肯定的。我研究《河洛理數》始於一九八八年，而我在一九八六年九月十三日才葬曼的骨灰甕於明城的湖林墳場，時為下午差不多三時——即使有夏令時乃是「未」時。真八字是「丙寅、丁酉、庚申、癸未」，「金鎖銀匙」之數祇有「二二四六」一則：

男：「背水相傳信，行看花影風」。

女：「黃花晚節香，老圃見秋光」。

我當年與命運之神相搦鬥，自己有如背水而戰一樣——洋人用「背牆」（with my back against

the wall）。沒想到自己竟可以與曼互傳音信是這樣的——她命局是「難許自由身，是心難飛走；鶯花三月景，天氣又重新」。男葬女，自己看男命，女則看女命，反之亦然。

如果想有陰陽溝通的可能，摘取納音火年的申日未時，或未日申時就得用「二二四六」之數。這也說明了一件事，要是事主想借助「金鎖銀匙」完成別的心願，金木水火土年份各有七十八數——合共三百九十——相信總會有用得着的詩偈吧！

（七）是前生注定莫錯過好良緣

甚麼活動才算是「婚約」？是証婚的一刻嗎——由法官牧師、神甫作証？兩人私下訂情可以作算嗎？

我在《鄭氏星案新詮》〈代序〉提及過一段連兒女也不知道的婚事①，有名無實，一年後就離婚了。在一九八五年五月三日下午一時半，茱迪（Judy）和我於明城的地方法院由一位女法官証婚。斯日日出於寅，有夏令時，計算所得是午時，日干支為「壬寅」，因此，《金銀》詩偈是：

① 李光浦《鄭氏星案新詮》，香港，心一堂，即將出版。

二六一五：男「嵬嵬數仞牆，不得其門入」。

女「當生金不多，誰知來路難」。

二八一五：男「高枝投宿鳥，廣廈上林燕」。

女「風月宴年年，更闌人散後」。

三日「結婚」，茱迪以為我要她留下來，但我事後再表明心意要她離去。晴君在無可奈何下履行諾言與茱迪及其弟弟三人於五月六日走了——這是真真正正的「更闌人散」，女命說的「當生金不多」是否指「金夫」也無所謂。其實，我當時兒女還幼，以我的性格而言根本就無婚姻可能，面對嵬嵬數仞的高樓，自然不得其門而入了。

好了，我與曼的婚約又是怎樣的《金銀》詩偈呢？！

二三四三：男「蚍蜉生兩翅，飛向九重天」。

女「海棠春正發，夜雨溼胭脂」。

三一四三：男「飯糗猶茹草，被袗衣鼓琴」。

女「前生緣分定，虛度幾重山」。

（男詩偈典故來自《孟子．盡心下》）

我真的飛往九重天外的仙境了！於曼來說，她如在生的話，我想她必認為是「前生緣份定」，以前不睬我的日子是「虛度幾重山」！至於「夜票溼胭脂」則指婚前流產，我在《果老新詮》自己的星案亦有述及。「二三四三」和「三一四三」之數乘自火年「巳、未」之數——一九六五年九月二十四日下午三時半，是在港婚姻登記署的登記一刻。這年香港有夏令時減一小時就是「未」時，見證婚姻登記是她的同學羅ＸＸ和我的朋友劉先生。

其實，令我感到震憾力的並非「二三四三」和「三一四三」二數，而是：

二六四八：男「八維內寒暑，其端自我持」。

女「一家人盡喜，隄防井上安」。

此數來自婚姻登記之前的七月八日——日干支是癸亥——下午一時之前，夏令時減一小時仍是午時。

這天下課我如常去曼處吃午飯，她弄好了畢業舞會的衣服，我着她穿給我看。很美，很美，我們訂情了！

過了幾天，我們便徵求阿婆（曼這樣稱自己的祖母）同意。阿婆十分開心，曼的弟妹亦然──「一家人盡喜」了！然而，「提防井上安」，而今看來卻是玄機，「井」有四個「十」字組成──壬戌年曼四十歲，她結果過不了四十歲。曼在生之時很懷念七月八日，這天晚上有一張我倆的照片，她寫上「情人，你會把這照片放在相架裏嗎？」到今，我一直遵照她說的去做；去到甚麼地方住下來，我都攜帶這照片。相識友人和同學中，祇有熾焜看來這相片和曼提到的話。如果沒有這「二六四八」一數所示，我恐怕不會知道男女詩偈於愛情、婚姻是需要並用的。

甚麼才是婚約，於此處我已得到答案了。

約於一個月前，有一位同學想要我寫的《黃玫瑰》，他的妻子要讀讀我是怎樣寫的。我回到寓所中拿出一九六四年三月六日的崇基的學生雙週報，發覺當年沒有記下寫作日期，為了滿足自己的好奇心，我以報章到達校園之時刻看看「金鎖銀匙」。三月六日是星期五，每週都在這天有教堂的週會，到差不多早上十一時才結束，散會後學生可以在飯堂取雙週報。所以，此報於校園出現是「巳」時。三月六日是「甲寅」，用「巳、寅」求得「金鎖銀匙」火部「二四三八」。

男：「麥秋天氣到，燕語畫梁頭」。

女：「烏鵲駕天橋，佳賓莫空負」。

我不是一個「為賦新詞強說愁」的人，難得「金鎖銀匙」薦我為「佳賓」。結婚兩年多後我才知道曼當天為這篇文章而哭過；但她依然不睬我——惺惺反做不惺惺。俗語說：「女人心，海底針」。而今看來，她給我第一封信寫於一九六五年一月十日，沒有時刻，但第二封則有：一九六五年一月十三日8:30P.M.（丁卯日戌時，火年）：

二八四四：男「海棠花爛熳，獨立雨中看」。

女「父子聚嘻嘻，風光保無恙」。

二六四四：男「萬里迢迢路，旁溪曲徑通」。

女「斜陽人喚渡，流水泛天涯」。

我認為（女）除了「父子聚嘻嘻，風光保無恙」不取之外，其他三詩偈完全是對的。此處

《金銀》教我知道有些詩偈可以不理。曼教我懂得如何運用「金鎖銀匙」看女命，而這卻是傳統五術不多說的——祇有《諸家星命大全》才談女命，《鬼谷子算命術》也談女命，不過江湖術士卻不懂得！於此，讓我抄下曼這封短信——「斜陽人喚渡」和「佳賓莫空負」：

「光浦：收到你的兩封信和一份日記，對於『那段話』，我會給你答覆的，但不是現在，待考完試之後，相信你有這份耐心，不想你再說我沉默，然而我實在沒有時間多寫。我明天要考兩科，因此只能寫這一封生平最短的信給你，希望不要見怪。在給你寫這信的時候，我已和『最初也是最後的』無緣了，就此收筆，幫我翻開書頁吧！

祝　好

曼　一九六五年一月十三日8:30P.M.」

「那段話」是我抄過給她讀的《歌德自傳》中的：

「一切事情都不自私自利，在愛情和友誼方面，尤其不要自私自利，本是我的無上快樂，我的立身之本，我的行動指針，所以我後來發表那大膽的話語：『我要是愛妳，與妳何涉？』真是我肺腑之言。」

（八）又是一九六五年九月二十四日未時的「金鎖銀匙」兩數

「人不一定每一時辰都要知星象才去行事，而實際上亦行不通，太繁瑣和迂腐了！但如果遇到有重大決策，『擇吉』才見得有考慮，以及展示美藝活動意義之需要。有德受賞，無德受罰，因為上帝不會擲骰子。……」

這是我在《命運組曲》說過的話①。

① 李光浦《命運組曲》（修訂版），心一堂即將出版。

二〇〇九年五月十二日，我在信箱中發覺有掛號信待領的通知郵咭，並註明14:20因寓所中無法派送。我思前想後，一直無法猜到是誰的信。一個月之前，我曾去函台灣的出版商，詢及引用自己作品中的星盤，並請求他們給我文字上的同意書。他們回信說，最好我自撰由他們蓋印。如是，我於上月底就將之寄了給他們。翌日，我去取掛號信，才知是出版商的。事前我查看「金鎖銀匙」，用巳日未時：「飯糗猶茹草，被袗衣鼓琴」，「蚍蜉生兩翅，飛向九重天」，誰是主、誰是客用不着探究了——前兩句典故來自《孟子》的〈盡心下篇〉。

我無法猜得到的原因是，以前他們從未用掛號信寄過出版同意書給我簽名。

四十四年前曼和我登記結婚，她是女主角；這次簽同意書無女主角，縱使有的話也祇可用「交易」來看，切勿引入題外話（extrapolation）。不過，可以肯定的是，主客中如無「夜票溼胭脂」的話，此數男女二性俱吉。除此之外，我不否認未時這個時辰的香港，談到生意交易總會有不少人，豈會沒有人因談不來而告吹呢？！我的答案是：「無德受罰，不能承受天之恩賜，不可不知的正是，如果要找一個天時、地利、人和的時刻，為何不擇取好的時辰，這是利己而不損人的。」

我到了事後為滿足自己的好奇心才查得如此充滿吉祥的詩偈。此數男吉，女則恐有刑傷，利男而不一定利女。

（九）天作孽，尤自可；自作孽，不可恕。

二〇〇九年四月二十四日的免費《虎報》（The Standard）報導了日本歌星——草彅剛——在公眾地方的東京公園醉酒，裸體鬧事。他是SMAP成員，被拘查時他大叫大嚷：「裸體有何不妥？！」

他鬧事時是二十三日的凌晨子時，戊戌日，用「子」「戌」起數得「二三四一」的「金鎖銀匙」詩偈：「開樽乘月夜，曲水暗中流」和「拱把之桐梓，斫為棟樑材」。

看來草彅剛可作棟樑材，他的確「開樽」飲酒，可惜不能自制，飲得太多而醉後鬧事。他自作孽了！

子夜見不到月，查星曆知月在子宮，日在戌，二者在水平線下。草彅剛天時、地利、人和都得不到。

我手中資料有另一則「自作孽，不可恕」的實例。

「1995/03/20清晨8時許，東京五列地鐵車廂內發生了震驚世界的沙林放毒事件，被害者達5500人，其中3794人被奪去生命。

據查，此係奧姆真理教所為，其『尊師』是麻原彰晃。該宗教1984年2月以『奧姆神仙會』之名成立，1987年更名為『奧姆真理教』，1989年8月得了宗教法人的資格。成立之初，信徒只有15人，但到1995年3月已發展到出家信徒1400人，在家信徒14000人。在日本設有29處據點，在紐約，莫斯科等地都有支持。

該宗教自1994年6月按政府機構的結構組成，設有科學技術省、厚生省、自治省、建設省、防衛省、諜報省等22個省廳，並設有大臣的官稱。同時備有化學班、秘密部隊，從事細菌武器的研究製造……

奧姆真理教的頭目雖均已被起訴，但直至2004/02/27日東京地方法院才宣判麻原彰晃死刑。為破此案動員了一萬一千多名警察，並有自衛隊員參加。」

查萬年曆一九九五年三月二十日是庚辰日，八時許屬辰時，「金鎖銀匙」是：

二七四五：「花發向波心，天香施水面」。

今天查得此數，可以斷言詩偈吉祥，但由於奧姆教主痲原彰晃自作孽之不可恕而出現大凶的事：東京五列地鐵車廂中見不到「天香施水面」，因為沙林放出的是毒氣而非「天香」。到此，我需要再一次強調的是，這兒所述及的「金鎖銀匙」在我而言都是我在《命運組曲》中說的「第三時刻」[①]，一言以蔽之曰：「原來如此！」

擇吉是否需要呢——尤其是開業做生意，誰不想一本萬利，財源滾滾？讓我以自己的一個實例作結，「是否需要」的答案由讀者深思一下吧！這兒抄下「金鎖銀匙」水部兩數：

二五三八：男「坐井觀天象，明知八陣圖」。

女「荷葉疊青錢，鴛鴦水面風」。

二九三八：男「鴻毛飛白雪，羊角上清霄」。

女「惟願日長好，旬西還自東」。

① 《命運組曲》論到「第三時刻」；這是很特別的事發生的時刻，當時不知其震撼的影響，及至日後回首一看，因為有別的事出現而到事主明其影響深遠。見李光浦《命運組曲》（修訂版），心一堂即將出版。

兩數來自一九七四年五月一日（壬寅日）午時。這天我和曼的炒麵外賣店於明城早上十一時啟業做生意，有夏令時，因此開門之時是十時，「巳」時也！由於斯日明城日出於寅①，將「巳」加一時辰便是「午」時，得「二五三八」、「二九三八」「金鎖銀匙」詩偈於上。

在命運之神面前我有的祇是感歎，無話可說了！

李光浦　寫於二〇〇九年二月七日

① 關於日出於寅、辰之有異於日出於卯，詳見李光浦《鬼谷子真詮》（修訂版），心一堂即將出版。

二〇一〇庚寅年男女吉凶每日談（一至五月）
——《星宗》與《河洛理數・金鎖銀匙》用法舉例

凡例

(一)此書之作，意在提出一個新的取向談及每日吉凶，尤其是要強調男女有別。

(二)以前的通書用天干地支記年、月、日、時，此與中國曆法有關，因此中國占星學不能將之捨棄。本書提及到年命所屬就是由納音甲子而來。

【納音甲子】

甲子乙丑海中金　丙寅丁卯爐中火　戊辰己巳大林木　庚午辛未路旁土

壬申癸酉劍鋒金　甲戌乙亥山頭火　丙子丁丑漳下水　戊寅己卯城頭土

庚辰辛巳白蠟金　壬午癸未楊柳木　甲申乙酉泉中水　丙戌丁亥屋上土

戊子己丑霹靂火　庚寅辛卯松柏木　壬辰癸巳長流水　甲午乙未砂石金

丙申丁酉山下火　戊戌己亥平地木　庚子辛丑壁上土　壬寅癸卯金箔金

甲辰乙巳覆燈火　丙午丁未天河水　戊申己酉大驛土　庚戌辛亥釵釧金

壬子癸丑桑柘木　甲寅乙卯大溪水　丙辰丁巳沙中土　戊午己未天上火

庚申辛酉石榴木　壬戌癸亥大海水

時辰	香港標準時間
子	11:24 P.M. ~ 1:24 A.M.
丑	1:24 A.M. ~ 3:24 A.M.
寅	3:24 A.M. ~ 5:24 A.M.
卯	5:24 A.M. ~ 7:24 A.M.
辰	7:24 A.M. ~ 9:24 A.M.
巳	9:24 A.M. ~ 11:24 A.M.
午	11:24 A.M. ~ 1:24 P.M.
未	1:24 P.M. ~ 3:24 P.M.
申	3:24 P.M. ~ 5:24 P.M.
酉	5:24 P.M. ~ 7:24 P.M.
戌	7:24 P.M. ~ 9:24 P.M.
亥	9:24 P.M. ~ 11:24 P.M.

香港地區十二時辰對應標準時間

二〇〇九年一月一日至二〇一〇年二月四日是己丑，是火年，至於二〇一〇年二月四日至二〇一一年二月四日則為庚寅，是木年。前者用到的「金鎖銀匙」為火年部，後者為木年部。

本書為香港讀者而撰，而由於香港位於東經105°~120°的時區內，其經度是114°10'E，時辰的分界線在現今的標準時約為：

（四）香港而今不採用夏令時——始自一九八〇年。以前年份的詳細資料可向天文臺查詢。

二〇一〇年一月（January）

己丑霹靂火還有一個月三天多便將過去，烈風已是強弩之末了！戊子二〇〇八年的天土對沖暫時可以緩一口氣，但不能掉以輕心，流土於四月上旬會退行回到巳宮，到了七月下旬方正式入辰。土星為災至慢，土埋雙女會有不少後遺症的。而今，二〇〇八年的冥天二星九十度角底破壞力暫時得到紓緩，無奈土星入辰卻又與冥王成九十度；唯可寄望者乃木星歸垣（亥宮）。木主慈，主仁；「一切掙扎，一切吶喊，在上帝眼中仍然是永恆的安寧」而已。

一月一日用事吉凶（十一月十七日辛亥）

這天最吉祥的兩個時辰是丑時和午時，而在本書〈由《河洛理數》說起〉正好丑時的「金鎖銀匙」兩數是「二三四三」、「三一四三」，以及午時之「二六四八」都有筆者之現身說法，讀者不妨反覆細讀一下，看看以自己之處境為指標會否有助。丑時和午時男女命值有利於進取，如果詩偈所言得到落實則最好不過了，除了丑午兩時辰之外，辰時稍有遜色。未時日凶，其他平平——男女吉凶參半。

在此，先談未時之凶，大殺天雄地雌橫空，命宮主近日似是近天顏，但日計同纏不利，水計為掠他人之財為己用，貪財也，這正好是未時「金鎖銀匙」的「二五四九」所言：

男：持刀破魚腹，珍異在其中。

女：雙飛鸞鳳曲，莫道怨知音。

魚腹藏劍，試圖行刺，男的不懷好意，女的心甘情願邀他共宴，怨自己無知好了。《河洛理

二零零九年己丑（4 Feb, 2009 – 4 Feb, 2010）

二零一零年一月一日卯時

天祿	天暗	天福	天耗	天廕	天嗣貴	天刑	天印	天囚	天權	科名	科甲星垂	文星	魁星	官星	印星	催官	祿神	喜神	爵星	天馬	地驛	祿元	馬元	仁元	壽元	血支	血忌	產星	生官	傷官
日	水	炁	計	羅	火	孛	木	金	土	土		炁	金	火	羅	炁	火	土	水	計	水	日	木	土	火	土	土	水	計	水

辛卯	辛亥	甲子	己丑

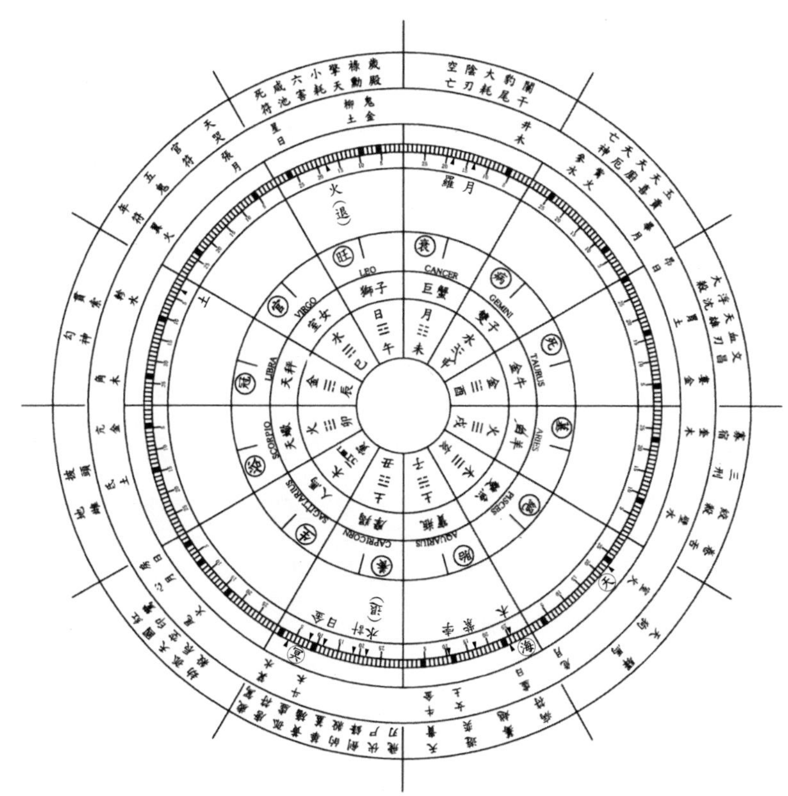

此星盤取格林威治凌晨，香港為日出於卯之際，月建起戌，故卯時斗杓在午（順時計）。

注受始於一月五日戌時。

數》說明「數內有刀箭，雪霜、旱雲、爭鬥、空缺之類」為凶象。由此觀之，未時為凶數是可以肯定的，男女俱不利任何事之進取。表面看來可圖，但終必失敗。男的收場如何？那就要看看女方肯否放過他了，最壞的是因色身亡，而女則飽受虛驚。

丑時吉，是休息時間，但不妨抄下「金鎖銀匙」之詩偈：

男：蚍蜉生兩翅，飛上九重天；飯糗猶茹草，被袗衣鼓琴。

女：海棠春正發，夜雨溼胭脂；前生緣分定，虛度幾重山。

至於午時同樣男女俱宜，但女宜小心：

男：八維內寒暑，其端自我持。

女：一家人盡喜，隄防井上安。

辰時稍有遜色，原因也是男吉，女又吉，數是「二八四六」、「二六四六」：

男：秋色來天上，寒光到世間。躬行於萬境，聲色在吾為。
女：香蘭終月滿，桂子落秋風。夫唱婦相隨，永終在謀始。

最初一念純正則吉，否則關係難以持久也！
其他時辰男女都吉凶參半，現抄下「金鎖銀匙」之數好了：
子時：「二二四二」、「三二四二」。
寅時：「二四四四」、「三〇四四」。
卯時：「二五四五」、「二九四五」。
巳時：「二七四七」。
申時：「二四五〇」。
酉時：「二三五一」。
戌時：「二二五二」。
亥時：「三三三三」。

一月二日用事吉凶（十一月十八日壬子）

以星象而言，這天和昨天除了月亮移動較多之外，其他各星仍在原來的宮中，月會在辰時末段由未宮進入午宮，西洋將之稱為「空亡旅程」（Void of Course），《果老星宗》名之為臨「兩歧之地」，不穩之象也！月代表身，男命亦以之為妻星，對男女性而言，月也是情感之星。話雖如此，今天最吉祥的時辰卻是辰時，「金鎖銀匙」為「二五三五」：

男：盃水成海河，乾坤自我持。

女：青天雷一聲，驚散梁間燕。

手持乾坤（日月）可見男命者可以翻手為雲、覆手為雨，對能力內的事執放自如利於進取；如有生意交談不妨試圖取得成果。至於女方，此刻有意想不到的事會出現——假若前些日子太過呆滯乏，不妨求變，說不定來臨的日子會見到轉捩點。如是，最後仍是圓滿收場。女命宜動不靜。

子時至卯時平平，睡覺、起床；男女吉凶各半，乏善足陳。

女之戌時為全日最不好的時辰，日在酉沉宮下；「金鎖銀匙」的「三一四一」、「二三四一」兩數之中，女有二凶（一圈代表一凶）。

未時男吉女不吉，女是「出海珊瑚」。

男除午時之外，日間各時辰都不俗，而辰時是那樣吉祥，首選非辰時莫屬了！

一月三日用事吉凶（十一月十九日癸丑）

以宮而論，月已在午宮，到了明天的巳時就入巳宮，斯時有「日月合璧」之象。於星象而言，「日月合璧」是最好的。話雖如此，今天亦有好時辰——未時，命坐酉宮，宮主近日。「金鎖銀匙」是「二七三九」：

男：冬生秦嶺上，蘭蕙出蓬蒿。

女：金石兼盟好，光陰自短長。

男女俱吉，因為「冬生」一辭於今天是合於時令，得時也。男的有出頭之日，女的又可結金石之盟，萬事俱宜。

為此，亥時的「三一四三」、「二三四三」，今天都要屈居其次，然男的「飛上九重天」、女的「前生緣分定」一直都是好的偈。

最不好的時辰是卯時「二三三五」：

男：金錢買松竹，白雲深處栽。

女：○○○○○，○○○○○。

女人以這時辰最不妙；至於男的，這時辰雖不算不吉但是大好清晨去到白雲深處，這就是說祇宜退隱了。

寅時「二二三四」說：

男：獨將一葉舟，去向桃花浪。

女：丁香連荳蔻，結果玉梢頭。

本來也不算不好，但寅時仍未天亮，何不留在夢鄉呢？！

值得一提的是申時「二八四〇」、「二六四〇」，利女不利男，男的成事不足，敗事有餘：

男：律己非繩尺，修身無斧斤。椒花守歲除，剝棗已先爛。

女：寢寐將何倚，雌雄在河洲。滌器有長才，玉容何惜整。

酉時利男不利好，其餘時辰男女平平而已！

一月四日用事吉凶（十一月二十日甲寅）

在辰時中段之際，月在午宮和巳宮兩歧之地，一切都不穩定。「二三三七」說「蓬萊隔弱水，子女生舟中」。這是男的，弱水上舟不能浮，鳥飛不渡，蓬萊仙境可望而不可即，凶象也。女則見十個大圈，極凶之象。此乃今天最凶的時辰。

然而，踏入巳時則日月在拱照的宮位，這就是《果老星宗》說的日月合璧星象，大吉。這次巳時的「金鎖銀匙」「二四三八」：

男：麥秋天氣到，燕語畫梁頭。

女：鳥鵲駕天橋，佳賓莫空負。

星盤上是命坐天門亥宮，有驛馬動，月於巳宮對照，天蔭星羅　為火拱照，女之情星也。跟着的午時「二五三九」說：

男：鳩影淚秋塘，月中星斗見。
女：有鹿自銜花，無猿誰獻果。

蘇州過後無船可搭矣！
至於未時，男女都不成。
申時男吉，女雖不俗，但怕仁人不遇，小人在側，「二七四一」：

男：天地找屋宇，坎離為戶庭。
女：莫兮魚水樂，提防泛柏舟。

天地既為屋宇，忌向南北走出戶庭。詩經《柏舟》隱喻君近小人則賢者見侵害。
酉戌亥平平無奇，不足為用。

一月五日用事吉凶（十一月二十一日乙卯）

昨天未述及為何亥時平平，留在今天補上，因為亥時與昨天相同之處是以巳宮為命宮——坐天哭、官符、五鬼和年符，沒有一個吉祥神煞。月臨巳，日拱照，日月合璧有天長地久之含義，誰想到此處巳宮神煞所喻之爭吵、紛爭有永遠深長之延綿力？昨天亥時之「三〇四四」、「二四四四」平平，今天亥時之「二九四五」、「二五四五」不見好得多少——女的「求賢難獨難」是感歎。

不過，今天的未時就不同了，它以酉為命宮，吉神文昌臨，日月拱照這吉神，大殺、浮沉、雄刃難以為災，「二九四一」說女的「重整舊家風」，男則需努力尅服「九年禹洪水，七載湯亢陽」，跟夏禹、商湯看齊。

與未時不相上下的是酉時「二七四三」：

男：巫山十二峯，不與凡人上。

女：天上神仙女，人間富貴家。

戌時本來也不錯，是「二八四四」、「二六四四」，但由於剛入小寒，由子月入丑月，既有未酉兩個好時辰取用，也就算了！

大凶者是丑時，「二三三五」女命十個大凶圓圈，星盤命坐地雌，無別的好神煞，早點睡覺在夢鄉中避之可也！其他時辰不算好，也不算壞。

一月六日吉凶用事（十一月二十二日丙辰）

午時月由巳入辰，空亡旅程，安常可也，除月行速之外，火星要到十八日出子入亥宮，金星則由丑入子，其他各星之宮無變化。然而，就在月入辰宮之際，「月到天秤」乃一貴格，有土星，變成土犯月尤佳，申子辰互拱。太陽仍在丑宮，今天申子辰三個時辰與此星象相關切，午時面對直照而受惠。復次，羅　單獨在未，火空則明，酉時屬夜之始，其力則大。

火星為女之情星，要待三月中旬才不退行，之後回復正常，所以未到斯時，一切要加倍氣力了。金星為男人情星，無退行之象，既已入斗木中度，漸有先入為主的地位去主導大局。不要以為「月照天秤」是平凡格局，對於工作的助力是極有幫助，利於轉工和工作效率之維持。

申子辰午酉這五個時辰中以辰時最佳，酉時為次。

辰時「三三三九」，男女俱吉：

男：燕廈鳳凰台，江山活計中。

女：居柔卻用剛，剛柔能既濟。

酉時「二六四四」：

男：萬里迢迢路，旁溪曲徑通。

女：斜陽人喚渡，流水泛天涯。

女得男助，雖路途遙遙，山河阻隔，男的大可說一句「吾往矣」！

另「二八四四」則說：

男：海棠花爛熳，獨立雨中看。

女：父子聚嘻嘻，風光保無恙。

一月七日用事吉凶（十一月二十三日丁巳）

猶如昨天無異的「月照天秤」，時辰以申子辰午酉為吉。

男女俱吉者為辰時「二二四〇」：

男：煙焰逐浮雲，月明金井地。

女：鳳凰飛去後，明月見光輝。

申時「二四四四」不俗，女較男費點氣力而矣：

男：避害以趨利，虹霓作渡橋。

女：出水珊瑚樹，春風費力栽。

至於子午之數分別為「二六三六」和「二三四二」，依然是女方較遜於男，無它，火星退行也。

「二六三六」：男「田既授以井，心寧安厥常」。
女「龜鶴期高壽，風光恐暗移」。
「二二四二」：男「春晝玉壺閑，桃花芳草陌」。
女「海棠花正發，惆悵五更風」。

一月八日用事吉凶（十一月二十四日戊午）

於酉時之際，月由辰宮入卯宮，「月照天秤」之象便成過去；因此，今天的酉時是黯然神傷的，星象與「金鎖銀匙」吻合得令人難以置信，現先看酉時「二四四六」之數：

男：御溝一紅葉，流水出深宮。

女：二六巫山遠，朝雲何處飛。

襄王去矣，神女悲泣；因此，申時「二三四五」更顯得作首選了：

男：南柯鸞鳳立，天表景星行。

女：蜂釀百花酒，其甘與世殊。

連續三天都是「月照天秤」，以這天的申時為最吉祥的時辰。何解？金轝、玉貴、天廚臨命，天貴拱照，天喜紅鸞橫空。結婚、交易、求職、轉工、探訪等，無不有助也。

一月九日用事吉凶（十一月二十五日己未）

今天子丑兩時辰不利女命，但卻利男命。寅時男命最不好，女則平平。非此三時辰於甚麼人而言都應休息、安睡，所以不必多談。茲抄下其「金鎖銀匙」之數以作參考：

子時：「二六三八」、「二八三八」。

丑時：「二七三九」。

寅時：「二六四〇」、「二八四〇」：男命非要修身不可。

若問較吉祥之時辰，那就非未時的「三三四五」莫屬，男女都吉：

男：道是無形器，四時萬物生。

女：參昴正當天，江月半分破。

不消說，昴星團七姊妹在命宮，水金隨日於丑拱照。較吉者是命宮有文昌，有助化解天雄之凶，不似以寅宮為命宮的寅時：火是情星，水為夫星，二者又退行，這是未日寅時或日未時不妙之處，女子尤要小心上述「二六四〇」、「二八四〇」詩偈中的男人：「椒花守歲除，剝棗已先爛」和「律己非繩尺，修身無斧斤」。他們假情假義，留心看看其八字是否如此，敬而遠之可也！如果擇寅未的日時行婚禮，更怕會「一失足成千古恨」的。擇吉「二七四五」所得是男命對女命有益也！

今天巳時的「二三四三」、「三一四三」亦算吉時，未日巳時、巳日未時於火年中是最佳的訂情或婚禮時辰；在此不妨再抄寫一次。

男：蚍蜉生兩翅，飛上九重天。飯糗猶茹草，被袗衣鼓琴。

女：海棠春正發，夜雨溼胭脂。前生緣分定，虛度幾重山。

酉時平平，但戌時則不妨下點功夫，等待收成「二四四八」：

男：積雪待來年，雲開逢暖日。飛雪上梅花，沛雲開暖日。

立春距今不到一個月，如能於今天酉時結緣的話，則可以靜待佳音。

一月十日用事吉凶（十一月二十六日庚申）

昨天大抵吉祥的時辰多，今天則剛好相反，祇有午時男女俱吉。還有的則是不利女的多於不利男。現在先抄下午時「二三四五」：

男：南柯鸞鳳立，天表景星行。

女：蜂釀百花酒，其甘與世殊。

酉時「二二四八」男女俱凶。男是「足踏雲霄上，逢人弱水流」。女則十凶，十個大圈也。到此，我倒不如說得清楚一點，在火年的「金鎖銀匙」，女要小心下列三者：「丑卯」、「寅辰」、「申酉」，日期遇之十凶，「子戌」則二凶。引號中兩地支那一個為日為時都一樣，譬如說「丑卯」、「卯丑」二者分別為日時不會有別。

今天申日未時，昨天未日申時「金鎖銀匙」為「二二四六」。我在本書曾有述及，無意中發現它竟成陰陽溝通之數。不過，於現實環境中，「背水相傳信」於男命來說並不容易，傳信不成功便無助於事，女的「黃花晚節香，老圃見秋光」是遙遠的將來，年老者則吉，青春少女不宜。

今天戌亥兩時辰不宜有任何重要決策，男女要早睡。

一月十一日用事吉凶（十一月廿七日辛酉）

月於今天淩晨過宮，是空亡旅途，所以昨夜需要早睡。早上卯時月已離兩歧之地，在寅宮，星象是「月在艮山」；如果得其氣於夜間，便是《果老星宗》所言：「月在艮山，謂其無戌不可也！」星盤上日在丑，月在寅，這說明了寅時就是命在寅宮，卯時則「身在艮山」，月為身也。不過要知道的是，寅時仍是夜，卯時則是晝，有點失時而未能全取吉象。現在先看寅時的「金鎖銀匙」，以下順序是「二八四二」、「二六四二」。

男：影浸秋波下，聲傳空谷中。
女：花開春正好，人不在長安。
男：鳳德幽深遠，駒陰過玉台。
女：齊甘與苦荼，卻在下場頭。

可以確定的是，女的要等待將來佳節，男的在主導之中。如果能夠做到的話，男女都會有成。

至於卯時，祇得一數「二七四三」：

男：巫山十二峰，不與凡人上。

女：天上神仙女，人間富貴家。

誰可以說不是吉象呢？今天最好是這個時辰。

最壞的是申時。昨天申日酉時，今天酉日申時，兩天的「金鎖銀匙」都是「二二四八」

男：足踏雲霄上，逢人弱水流。

女：○○○○○，○○○○○。

昨天男的不能上雲霄，今日則可以，「月在艮山」在七宮，可以足踏雲霄了，然而，七宮之月是西浮宮，難言有持久性！

如果要擇取吉時的話，我相信祇有卯時；子時也不錯，是凌晨的「金鎖銀匙」的「三〇四〇」和「二四四〇」，分別如下：

男：一蟲生兩翅，飛入百花叢。
女：麗日正芬芳，春風吹綠柳。
男：飲泉流脈乾，將見水中月。
女：江梅花正開，春色風中度。

這種看來利於夜生活的男女「金鎖銀匙」並不是我認許的。我反而覺得辰時好得多，不比卯時遜色，「二六四四」：

男：萬里迢迢路，旁溪曲徑通。
女：斜陽人喚渡，流水泛天涯。

可以和卯時一氣呵成。

戌時並非不佳，祇是需要待將來的收成，「二二五〇」：

男：舉足達紫微，梅花隨雪墮。

女：蟠桃花未實，不用怨東風。

其他時辰平平而已。

一月十二日用事吉凶（十一月廿八日壬戌）

月在艮山，今天是在中度；於香港而言，明天月在巳時會在兩歧之地入摩羯宮。這兩天間切忌捲入是非叢中，否則會令處境惡化。過去十一天以來祇遇火羅和土，本身無凶象可言，辰宮之土犯月尤佳——不在辰宮或酉宮之土則不利女命，至於生於晝之男命無礙，夜生者則凶。

辰時之數最佳，以子宮為命宮，月在福德。「二七四五」數云：

男：花發向波心，天香施水面。

女：菡萏波中出，鴛鴦水面游。

且又有貴人臨命。

如果錯過辰時的話，戌時的男女關係就不同了，男的恐怕要「忍」，女強男弱，「二五四七」說：

男：浮舟上急水，飛躍多鳶魚。

女：河東獅子吼，好事歎難完。

此後三天，假使與女方之往來是生意亦不會如意。情感方面而言，今天與戌時扯上關係後，男的可以準備被女的轟炸。所以，辰時得意則好，不然就滿天烏雲了！

今天除辰卯兩個時辰之外，男人「吉處」在別的時辰都比女人好一點。

子時女命要小心，「三一四一」之數有兩凶，早點返家睡覺為妙：

女：孤舟流水急，◯向溪灘◯。

卯時有如昨天的辰時，男女俱吉。除了子卯辰三個時辰外，女的宜靜不宜動。

一月十三日用事吉凶（十一月廿九日癸亥）

月於巳時入摩羯，今天日在24°-25°之間，下弦之際月可借日之光。猶如一月一日耶元元誕無異，辰時不如丑和午時，未時最凶。還需留意的是，由於金星已去到引日的位置，而水星則退行到5°，未時不利，更勿貪小平宜——「水計相會」乃掠他人之財為己用之象。

如果要點出上次亥日和今日之別，那就是看酉時了。上次月在對宮，今次則在摩羯，對宮祇有「火空則明」的羅。日月共宮於丑，女命「見月則論月」較男人為重要。

這酉時命在未宮，「金鎖銀匙」是「二三五一」：男的「西風送行色，斜日照丹墀」，今見日在西沉，日已盡矣，難怪女的是「琴彈廣陵散，無語怨黃昏」。拍拖男女切忌於黃昏時分手，扮上「碰戲」的角色，變成不分手也要分手了！廣陵散乃名曲，今已不見，「琴彈廣陵散」喻女視男為知音人也。

一月十四日用事吉凶（十一月三十日甲子）

月在摩羯出現在中度，這時計月會合，計帶凶煞劍鋒、孤虛、黃幡，小心身體健康，男女宜留意飲食。日環食於今夜之後出現，更由於月在退氣，以日月為命度者均處於乏力之時，毋傷神於任何事——明月會更好。

今天辰時也許算是最好的時辰，但基於上面所言，看來還是不要太過着意盡取辰時的好處，這是今天和一月二日的不同處。紫木相刑的星象說明了驛馬受阻，宜靜不宜動，因此今天不適宜遠遊。

更忌者是今天見有桃花。己丑年以日為桃花，日蝕之時桃花受損，此乃不可不知的事。

一月十五日用事吉凶（十二月初一日乙丑）

月借日光之後於夜間入子宮，之後月便進氣，而且也離開身在摩羯之象。今天稍後水星便停止退行，金水夾日月，帶官符、年符，但也帶天喜、亡神。由於為日月所夾者是吉的話，則會有佳事，夾凶者則必凶。所以，今天和十二天前的丑日略有不同之處。

今天最佳之時辰是巳時的「二五三七」：

男：壁上畫山水，四時維如一。

女：春風應轉蕙，秋水有明珠。

女命宜進取，巳時命宮見驛馬也！男於這時辰會有靈感、第六感，不妨看看有何佳事。巳時最吉祥，上次首選未時則為次選，日月拱照丑宮；今次的丑日比一月三日更佳，因為日在深度，先入為主也！同樣的詮釋法也是亥時，「金鎖銀匙」的「二三四三」和「三一四三」的詩偈是：

男：蚍蜉生兩翅，飛上九重天。飯糗猶茹草，被袗衣鼓琴。

女：海棠春正發，夜雨溼胭脂。前生緣分定，虛度幾重山。

「夜雨溼胭脂」看來是悲從中來，但在日月拱照之下，力之大者是「海棠春正發」。卯時同樣要如上次避開，男吉女凶的「二三三五」也：

男：金錢買松竹，白雲深處栽。

女：〇〇〇〇〇，〇〇〇〇〇。

一月十六日（己丑年十二月初二丙寅）

先說最凶的時辰，與十二天前一月四日無異，是辰時。星象是「木打寶瓶須粉碎」，唯一可避免的人是年命屬納音木的人。因此，安常始終是吉事。過了辰時便是一日中最好的巳時，星象是驛馬發動，今天和一月四日一樣，貴人近身。

較好的時辰出現於凌晨子時，「金鎖銀匙」的「二三三三」：

男：天表霓虹見，風吹向洌泉。

女：莫報東風急，好花春日開。

貴人拱照，土生金旺，可惜今天仍在冬天，若是春天的寅日則合天時。

話雖如此，卯時日月夾金，利男亦利女——金是男之情星。

今天這卯時比上次寅日的還要好，是最佳時辰的首選。「金鎖銀匙」的「二二三六」：

二零零九年己丑（4 Feb, 2009 – 4 Feb, 2010）

二零一零年一月十六日卯時

天祿	天暗	天福	天耗	天廕	天嗣貴	天刑	天印	天囚	天權	科名	科甲星彙	文星	魁星	官星	印星	催官	祿神	喜神	爵星	天馬	地驛	祿元	馬元	仁元	壽元	血支	血忌	產星	生官	傷官
日	水	炁	計	羅	火	孛	木	金	土	土		炁	金	火	羅	炁	火	土	水	計	水	日	木	土	火	土	土	水	計	水

辛	丙	丁	己
卯	寅	丑	丑

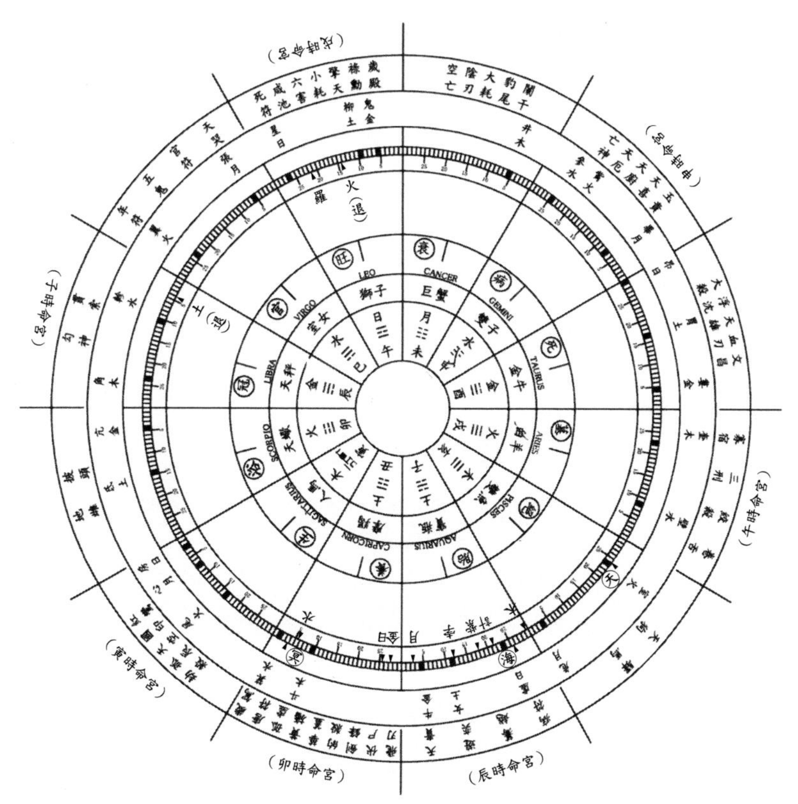

木星十八日入亥宮，
金星十八日入子宮，
日二十日午時入宮（大寒）

男：晝間人秉燭，直入洞房中。

女：夫人神氣定，綽有林下風。

這該是舉行婚禮的好時刻。

除此之外，今天各時辰衹是一般而已，重大決策勿用。

一月十七日用事吉凶（十二月初三丁卯）

星宮諸星無大變動，僅有月走到紫計中間，變成奴星夾身。不過，黃昏之後木星會進入雙魚宮——是「文章秘府」的吉象。因此，今天和明天最好安常，明晚靈感會湧現，然而這星象會支配明年庚寅。如果有甚麼要事，不妨待到那時才幹。

今天的卯時如昨天無異，男女都宜。「金鎖銀匙」的「三三三七」：

男：鯤浪上扁舟，縱橫隨波動。

女：瓜葛本相連，荊棘何勞萌。

這於日月夾令之下，男女間是彼此關心和互助。

酉時亦佳，月在子宮有貴人見臨，去到中度變成日月夾金孛，愛情受到日月之庇護了。「金鎖銀匙」的「二七四三」以神仙眷屬來比喻：

男：巫山十二峯，不與凡人上。

女：天上神仙女，人間富貴家。

連接着的戌時也好，其餘時辰平平而已。

一月十八日用事吉凶（十二月初四戊辰）

今天自午時之後木和月同在天門亥宮，金在子宮得生，男人情星得地。至於女的，火旺南離，亦情星得地也！

子丑寅三個時辰不吉，不宜比晝作夜，晨昏顛倒的夜生活。

寅時最凶，木宮主在兩歧之地，紅鸞天喜橫空，怕無喜事而見血，故「二三三七」說：

男：蓬萊隔弱水，子女生舟中。

女：○○○○○，○○○○○。

待產婦女要特別留意。

丑時於夜生活者而言，「二四三六」說：

男：燭與月爭光，飛空天上絜。

女：寶瑟十三弦，更張韻更清。

子時之男命進取是「杯水成海水，乾坤自我持」，女的則「驚散梁間燕」——這是夜生活的序曲吧！

卯時金水在命，惟冬天不知火羅未免有冰寒之感，不宜起程赴外旅行，「二二三八」說：

男：泥橋逢雪雨，淺水釣金鱗。

女：玉容那改移，只愁花驚鏡。

戌時始終最好，火羅在命，男女俱大吉，「二七四五」說得最好：

男：花發向波心，天香施水面。

女：菡萏波中出，鴛鴦水面遊。

任何交往，是生意上的，或情感上的，戌時最為適宜。

辰巳午未申平平，唯女命小心午時，有一凶。

一月十九日用事吉凶（十二月初五己巳）

今天是星期二，「巳未」最巳日未時行婚禮最佳；今日不成，可試後天辛未日巳時，「金鎖銀匙」的「三一四六」、「二三四三」作此肯定：

男：飛上九重天。
女：前生緣份定。

今天未時木月已在天門，日月夾住未時的官祿宮和金星了。至於巳時命坐天門，今天亦作首選，比美未時，唯不可作婚典之用，「三三四一」說：

男：牡丹花樹下，蜂蝶結雲屯。
女：蜂蝶怕春寒，好花風中過。

辰時諸星駁雜，遇貴則可，否則安常為吉。雖然今天無男女俱凶的時辰，但其他時辰亦未見得太好——未巳例外。工作上如要找相宜的時辰，倒不如多待一下，二十六日開始，時月會入申宮，連續前後兩天是日月拱照，其中必有好好時辰。

今天中午太陽過宮，午時有不穩定之樣。「二二四二」說得不錯：

男：春晝玉壺閑，桃花芳草陌。

女：海棠花正發，惆悵五更風。

桃花在枝上隨風飄落了！

一月二十日用事吉凶（十二月初六庚午）

昨天午時桃花不穩，今天亦不見好，太陽未過宮前，午時以戌為命宮，火羅為女的情星拱照於午宮，但主奴共處，火星退行讓位，於女不利，唯怕三刑傷身。今天太陽剛入戌宮臨兩歧之地，一樣不穩定，命宮是酉而非戌了！原圖的水和太陽亦已由丑入子宮，剩下的是水星在丑拱照。水星單行不吉，泛濫之象，所以「金鎖銀匙」的「三三四三」說：

男：春深花卉發，細柳為誰青。

女：玉樓防失足，金菊暗傷情。

杜甫《哀江頭》有言「細柳新蒲為誰綠」①，這兒是「為誰青」，是哀訴自己的傷心史。我特地

① 全詩為：「少陵野老吞聲哭，春日潛行曲江曲。江頭宮殿鎖千門，細柳新蒲爲誰綠？憶昔霓旌下南苑，苑中萬物生顏色。昭陽殿裏第一人，同輦隨君侍君側。輦前才人帶弓箭，白馬嚼齧黃金勒。翻身向天仰射雲，一箭正墜雙飛翼。明眸皓齒今何在？血污遊魂歸不得。清渭東流劍閣深，去住彼此無消息。人生有情淚霑臆，江水江花豈終極！黃昏胡騎塵滿城，欲往城南望城北。」

抽出午時此則，原因是每三十天太陽必過宮，此乃一變。所以，在今天開始的三十天內，各時辰的命宮和之前就退了一個宮，「金鎖銀匙」也移位在這一個宮之中。上一次屬午的是一月八日戊午，今天是第二次午日，十二天之後是第三次，到第五次午日則不在子宮——它會去到亥宮天門。

這樣看來，即使每天十二時辰的「金鎖銀匙」有十二模式，但由於太陽過宮，星象也就不同，「金鎖銀匙」十二模式因星象不同也就隨之而改變了。雖然，一年中每一個人遇到同一「金鎖銀匙」詩偈會有很多次，但要明白的是每次的星象都有異。納音年以五行金木水火土分部，每部有七十八首「金鎖銀匙」詩偈；但由於星象在變化之中，七十八首詩偈便隨之轉變。因此，今天「三三四三」不以前出現，將來也會出現，但實際況則次次不同。今年火年無恙，但他火年又怎樣？人生會遇到少個火年？不妨屈指一算。

今天太陽在兩岐，甚麼時辰也不穩。好的時辰是「二三四五」的申時：

男：南柯鸞鳳立，天表景星行。

女：蜂釀百花酒，其甘與世殊。

上次午日（戊午）是一月七日，同一詩偈今次有變，今次橫空的是陰刀劍鋒空亡歲駕……。

上次出現於月照天秤星象，今次則否。天時地利人和怎樣，唯己自知了！

一囚人的成敗往往決定於一兩件重要的事，是轉捩界大事——必見於「金鎖銀匙」詩偈所描述到的。

抓住它，如果那是你要的！你的心會跳出來嗎？

避開它，如果你看到凶危處！

今天的午時申時會否給你（妳）一點試驗，不妨一試。

一月二十一日用事吉凶（十二月初七辛未）

今天卯時太陽在子宮1°20′，算是離開丑宮末度和子宮初度了。月在戌，水在丑宮，火仍在午宮退行，木在亥宮初度，而在辰宮的土星也退行，要到四月上旬便退入巳，重演「土埋雙女」的凶象了！

細觀今天星象，亥時應是最不好的時辰——「二五四九」男命一個「刀」字已足夠凶了：

男：持刀破魚腹，珍異在其中。
女：雙飛鸞鳳曲，莫道怨知音。

最吉祥的時辰是未時，「二七四五」說：

男：花發向波心，天香施紅味。
女：菡萏波中出，鴛鴦水面遊。

何故最吉祥？

命坐玉堂貴人，皇室金轝，天貴拱照。

巳時次之，神煞有祿勳、歲殿、國印拱照，命宮的則不吉。話雖如此，我們不可以「神煞不吉」就覬視巳時「二三四三」、「三一四三」的隱力和重要性。我說「神煞不吉」是就今天的星纏而論，今天的星象對和尚、道士、隱士，其他的人不會有異，難道我們為此而說「金鎖銀匙」不靈準嗎？

「金鎖銀匙」是否出自陳摶、邵康節，我相信無史料可以找得到；即使在崇禎本陳仁錫的序文中亦未提及，置於書本的「訣辨」祇有幾例用「金鎖銀匙」來談命局。「金鎖銀匙」的歲運是指用子平大運和八字日柱地支而得。正因有「男命」、「女命」「歲運」之字眼分條列於「參詩歌訣」之下，我在本書用「金鎖銀匙」來研究日支和時辰地支，這是前人未有的。「金鎖銀匙」和星象亦有力知道。

由於本書有點似年鑑，而懂得七政四餘的人實在罕見，因此祇能大略的點出「金鎖銀匙」和星象之關係。寫到今天（一月二十一日），我覺得不需用前二十天的寫法。因此，我要做的就是解說最吉祥、最不吉祥的時辰，其他吉凶參半的則不會抄出「金鎖銀匙」中完整的詩偈。讀者如果想知道我沒有寫出來的，衹要翻閱「附錄」己丑火年一部便成。

現試以酉時為例，男的「大海變桑田」、女的「四月正東上」，不吉亦不凶。星盤上酉時以午宮為命宮，日在西沉宮，確「宏開日月路」——月在戌是指比日遲兩時辰「東上」。這和「西墮」並無矛盾。酉時之月於今天比太陽遲兩時辰才會去到水平線下——亥時辰宮為命宮。

今天值得談的是這四個時辰（未巳酉亥）而已！

一月二十二日用事吉凶（十二月初八壬申）

日所在是卯時，將子宮與午宮劃一直線貫通，則西面是午宮。今天在晨曦之時當可見到酉邊天涯的微火，而東方則是金星（子宮7°），離開中天30°之處是辰宮、有土星。至於水星，定東方地平線30°約處。紫羅計孛並有實體的星。然而，在占星學來說，日是和計紫孛同宮，駁雜之象也！自一月二十日開始——日在子宮——卯時命宮都不能說無瑕疵，但我們卻不可以卯時不好，因為天貴在命，金轝、玉貴、天喜拱照，歲殿、祿勳直照。金星自二十一日就在日和孛的中間，要到二十六日才去到孛前。星雖駁雜，但日金孛順排可以說是桃花陣——日為己丑年桃花星，金孛水月為情感之星。怪不得今天卯時女命是「花開春正好，人不在長安」，男則「聲傳空谷中」（「二六四二」、「二八四二」）。昨天卯時並不比今天的好過，女是「結果難為果」「親親人未久」（「二六四三」、「二八四二」）。

「金鎖銀匙」應寫於明朝，男命有「○」（凶）一則都見不到，女命則有四則？原因何在，正室夫人祇有一個，為妾為婢的女命自然居多，所以今天的女仕們不要見到大圈就以「凶」字來看自己的命或本書所說的時辰。「人不在長安」可能說老公無用，妳方會這樣，「河東獅子吼」

其實並非悍婦，而是女強人，「結果難為果」也許是夫不生性，「惆悵五更風」亦然。我曾見過好幾個女強人，女命是十個大圈（其中一個是《果老星宗新詮》①案五，她除十個大圈後還有兩句：「蘭房花正開，門悵人如玉」，惆悵是因為丈夫不濟事，所謂「人頭豬腦」也）。

今天時辰最佳是午時的「二三四五」，男為「南柯鸞鳳立，天表景星行」，女則「蜂釀百花酒，其甘與世殊」。未時男命要「背水相傳信」（二二四六）。戌時女命「瑤池人宴後，明月夜空寒」（二三四九）。申時女命亦不易受：「月落銷金帳」。男命今天怎樣？不過不失而已。

① 李光浦《果老星宗新詮》（修訂版），香港，心一堂，即將出版。

一月二十三日用事吉凶（十二月初九癸酉）

今天十二個時辰說的是甚麼，那兩個分別是最凶最吉？現在看看這個表列才說好嗎？

時辰	金鎖銀匙
子時	二四四〇、三〇四〇
丑時	二五四一、二九四一
寅時	二六四二、二八四二
卯時	二七四三
辰時	二六四四、二八四四
巳時	二五四五、二九四五
午時	二四四六、（三〇四六）
未時	二三四七、（三一四七）
申時	二二四八、（三二四八）
酉時	三三四九
戌時	二二五〇、（三二五〇）
亥時	二三五一、（三一五〇）

括號之數無詩偈。由於地支有十二，這兒的是癸酉日，其他四個酉日（乙酉、丁酉、己酉、辛酉）都用此表。所以，六十甲子中所有的酉日都用此表。在這兒之前的每日談都不能缺少這種表，將來酉日都不能。但是，以後酉日的星象都無相同之處。星象有圖無文，這些表有文無圖，祇有二者相配合才成。西洋報章上的占星專欄作者怎樣寫每日談？他們和我最相似的地方是看重浮沉點（Ascendant），我則用太陽之所在定命宮（每時辰的命宮都不同）；他們當然看星象，不過我比他們多了的是借助「金鎖銀匙」參詳之用。在一月一日開始的幾天內我不提星象，其實我是顧及了的，不過要到「月照天秤」星象出現我才說出來吧了。

我寫這本書，最大目的是展示出「金鎖銀匙」應如何應用，俾使將來有人繼承我的占星系統。如果我不這樣做，不去將星象點示出來，讀者一樣讀到每日時辰是甚麼一回事；但是，這不是我想見到的事，因為我百年歸老便後繼無人了。我要寫的書如果自感無不朽價值，寫來有甚麼用？！正如希臘歷史學家浮斯迪底斯（Thucydides）在《百羅奔尼戰役》所言：「我這本書之撰寫並非為了迎合當前讀者品味，而是為了名山事業的永垂不朽。」

好了！話說回來，今天的好壞怎樣？

子時命宮在卯，木歸垣於亥有驛馬拱照；卯宮主在午身桃花——春色滿園，宜留在家中；

「金鎖銀匙」如是說。

丑時神煞吉：紅鸞、國印、金轝、玉貴、桃都關切，但由於妻星獨行於丑宮，「金鎖銀匙」說這水星泛濫，「九年禹洪水」！

寅時的命宮為歲駕，但七宮空亡，如女命「花開春正好，人不在長安」。男命則宮主退行，遇火得生，「鳳德幽深遠」。故寅時還可以過得去。

至於卯時，以日所在之子宮為命宮，天貴、金轝、玉貴、桃花、祿勳、歲殿是可證明「巫山十二峰，不與凡人上」的男命和女的「天上神仙女，人間富貴家」了！

辰時男女都不錯，國印、祿勳、歲殿拱照，命坐墓庫，富貴格也！女的要把握時機，男的多走一點路，婚姻可成。

最凶的是申時，命坐空亡在外亡，七宮水星無別的星阻其泛濫，怪不得「金鎖銀匙」男的「足蹬雲霄上，蓬人弱水流」，女則十個大凶的圓圈！

後天黃昏月會去到申宮，日在子宮構成「日月合璧」的好星象。西洋占星強調的拱照（trine）要此可以說是相同的，他們認為120°的拱點是和諧的，我說的「日月合璧」亦然。因此，明天之後將有好的星象——而今安常過的兩天吧！今天的其他時辰平平而已——月於未時由戌入酉宮，人空亡旅途，不可亂動。

一月二十四日用事吉凶（十二月初十甲戌）

今天各星所在跟昨天未時之後無別，但不可不知道的是今天月在婁金度，昨天則在「文章璧府」。午時之火與月成90°角，不和諧處僅次於對宮直沖。火是女的情星，亦可作夫星來看。火旺於午，酉為金，這個金火屬性於今天火月的90°角是不能忽視的，因為流孛在子宮13°，不僅成為一個T型小星象，而且也因孛直射火羅激起其怒氣。以西洋占星而論，西方占星專欄作者絕對不會看不到90°角的火月：

「愛情關係要有容納性，脾氣不可大，尤其是正午之時。萬一控制不住而爭吵，就於事後請求對方原諒；兩天之後必無事矣！

事業方面今天需要有進取性，對異性更要主動（光浦按：「退行」火星）。工作環境和氣氛不錯。」

類似這種文字對甚麼人都適用。普通人視這種專欄為消遣讀品而已；靈驗與否並不重要。假使今天沒有讀占星專欄，但事實卻又和情人吵架，他幾天後無意在執拾舊報紙而讀的話，也許他會歎道：「怪不得我們吵嘴了，妳看！」

卡卜勒替華倫斯坦看星盤，上世紀藝術哲學家阿當奴於一九五二年至五三年替《羅省時報》（LosAngeles）撰寫占星專欄——今收於《The Stars Down To Earth On The Irrational In Culture》一書之中，而我也寫這本每日談的書，共通點是有的。他們的理論和我不同之處在於求證。今天午時這個時辰可以證於「金鎖銀匙」「二五四七」的詩偈：

男：浮舟上急水，飛躍多鳶魚。
女：河東獅子吼，好事歎難完。

所以，今天戌時是我不能不提的時辰，至於最好的當然是辰時「二七四五」：

男：花發向波心，天香施水面。
女：菡萏波中出，鴛鴦水面游。

辰時的命宮是木在亥宮，木帶驛馬、紅鸞；星象一點不錯。當然，卯時也是好的（這是昨天辰時的同一數「二六四四」、「二八六四」），男女俱吉。

日出之時就是一天的開始，好的星象和「金鎖銀匙」就是好的一天；《易經》說「帝出乎震」就是這個道理。西洋占星以浮沉點為次要找出的事，以之為基點來解說星象便是。

我每日談到今已談了二十四天，相信讀者可以看得出我在將來的探究中會怎樣做。香港夜生活對好些人是重要的，如果亥子丑寅這幾個時辰有值得留意之處，我是會挑出來一談。不然的話，我的重點仍然是集中論及「日出而作，日入而息」的時辰。如無必需，我會用詮釋性的文字談「金鎖銀匙」，衹註明其數而不反震的抄下詩偈原文，專門性的星象文字也盡量避免，務求讀者可以讀得明白。

己丑年再過九天便轉入庚寅年，是納音楊柳木，所用到的不是己丑年火部。木部的詩偈是帶着另一個面貌出現；至於星盤上的各宮神煞也是位置有異。

一月二十五日用事吉凶（十二月十一日乙亥）

破曉時分金星於東方水平線湧現，太陽隨其從而東升，這是一個令人充滿溫暖之感的早上。向西邊天際望過去，火星猶帶着餘暉，不過它卻因東升的旭日而漸漸將光芒讓給滿懷歡悅的人。今天適宜簽發文件，主動去談生意，對方是男或女都樂意聆聽。

是星期一了，昨天如有和別人有磨擦的話，今天不應因不快而悶悶不樂。午間之前人事和諧，唯要小心的則是午時（香港是11:24A.M.～1:24P.M.）防有意外，女的要比男的更要加倍留意，小則皮肉之傷，大則如交通意外。如有桃花出現，忌之。男女不會有異，是桃花劫。縱使你情我願，這亦不會有結果的。如果午間出外用膳，最好做獨行俠。

申時不要太着急，或想去完成工作，如有甚麼等待的事，採取不緊張的態度便成。好消息要來的話，它遲早會到來。今夜可以出外消遣，也許午夜前有意外之喜。如果有夢，看來不會夢到妖魔鬼怪的，但卻未如昨夜的好了！

日月拱照於日落時分正式開始了！

一月二十六日用事吉凶（十二月十二日丙子）

今天不似昨天好，雖然未起床之前月已在雙子星座，是日月拱照。連續兩天都宜於工作上的事，如批文、指令之簽發，人事上可以和同。辰時是最適宜在這方面下點功夫，務求得到落實。

男的今天比女的容易過，情感生活上是利男不利女。女的最吉祥時辰是黃昏時分，即使漫步海畔，借着落日的紅霞，也可以與之交相輝映，在異性眼光別有蘊味。日間如果覺得納悶，或工作壓力太大，女的宜於公園、海濱長廊，或類似之地如沙灘、山頂散步。今夜宜早睡了！是男的也好，女的也罷，亥時切勿因小事而爭吵。

一月二十七日用事吉凶（十二月十三日丁丑）

今天是日月拱照的最後一天，是第三天了！

這次和月初的一次有點不同。上次日月拱照驛馬、歲殿和祿動的神煞，今次則是國印而已，祇利用為官及行政人員。金水月孛或天喜、紅鸞不牽涉到其中，自然不易有結緣的事。唯可喜者，今夜亥時（9:24P.M.～11:24P.M.）卻見到好象，是花前月下的好時辰了！錯過了時機的是女方，但如果男的可以把握時機，自然可以身登仙境，找到不老的嫦娥。這個時辰為3243、2243的「金鎖銀匙」管籥。如果有小孩子誕生，男的是「飯糗猶茹草，被袗衣鼓琴；蚍蜉生兩翅，飛向九重天」。女的則是「前生緣分定，虛度幾重山；海棠春正發，夜票溼胭脂」。今天仍屬於己丑牛年，牛仔牛女也！

其實，今夜黃昏之時已結婚禮儀，配合相迎，利之四鄉，如果不太晚的話，酉時和亥時大吉，但拜天地之正式儀式要避開7:24～9:24的戌時。今次與日月拱照相關的是亥卯未三個時辰，祇嫌卯時於女不太好。

日月拱照又名為「日月合璧」，天長地久也！每個月前後祇有七天而已，若果要配合好的時辰的話，恐怕有的是三四個，是真正的黃道吉「時」。

一月二十八日用事吉凶（十二月十四日戊寅）

嫦娥在月窟，三五月團圓！

今天月早在月殿，於朱衣客的讀書人是一吉象，中午之前是黃金時光。如是，上午萬事俱宜，甚麼事要幹的話需於上午開始，是否可以完成不必理會，取其「善始」之意，英語的「好開始是一半完成」就是這個意思。

譬如說，取考試來看，衹要於9:25（早上）始便有利，過了9:25AM就是繼續下去，不會因為以下幾個鐘頭好不好而有損。要有好結果的話，好開始是先決條件。

月得位是今天特性，月神有無比媚力，也就是說，男性今天千萬不要得罪女神；據云西哲蘇格拉底因為得罪她才被懲罰，吞毒藥而身亡。

一月二十九日用事吉凶（十二月十五日己卯）

天地有情，火羅夾月，金星引日。天上人間，充滿和諧氣氛。今天宜順天意而行，縱使人事不一定無小風波存在，祇要能夠做到盡力以赴則無悔吝矣！

日出之際，夜間寒意亦漸消散，維多利亞港也許平靜下來了。今晚是月圓之夜，月在東井，留在家中勝於出外面消閒。

至於日間，工作一切順利，午間出外用膳，如果與友人一起，不妨慷慨多一點。別人此間會注意到你的一舉一動，多一點關懷得到的回報是你想像不到的。

一月三十日用事吉凶（十二月十六日庚辰）

今天是你的第二天需要問身旁的同事，或家庭的要員去多點表現自己優處的日子。如果要找相似的日子——在今年之內，甚至到明年底——恐怕今明兩天是剩下來唯一的日子。如果你是女性的話，今天可以多一些打扮，衣着方面尤要留意，也許會有人對妳說：「妳今天顯得特別美麗！為何以為不曾看到呢？！」異性會向妳投以驚訝之態。

一個發自內心的微笑，幾聲問好，伸出雙手去扶助別人，添加多一些禮貌……妳贏得到的回應，無論妳知道與否，都不會是妳過往平常日子中可以想像得到的。

在此，我可以賣個關子指出原因何在。今夜月照柳梢頭，又是日躔牛金度，金星引日，在日之前，日月又對望。

一月三十一日用事吉凶（十二月十七日辛巳）

你會有點內咎——感到前兩天未能盡力而為嗎？如果你會的話，恭喜你，因為你是一個「獻出者」（Giver），而不是一個「攫取者」（Taker）。一個人內心世界總較一事一物的外在世界重要。

隨着歲月的廻轉，月神也開始慢慢的離開羅火，物換星移是不變的自然法則，生有其時，愛有其時，內省亦有其時。未破曉之前，你感到火月同霄的消逝嗎？月西沉了，她帶着蒼白的臉對望着東升的太陽，正如春殘花落，那一朵花不會依依不捨的向蜂蝶凝視，要感謝他們曾經相伴的日子呢？！

這該是卯時「金鎖銀匙」「二三三九」底隱義吧！明天是二月的開始，今天是一月最後一天了！再過三天，牛年也讓位給虎年。新的開始很快就會到來。這過去的兩天到今都無凶危的時辰，今天仍然如是，盡量享受月神帶來給你的好時光吧，看看中午會否有好消息！愛你的人對你說甚麼呢？！記着，兩天之後是日月合璧的好日子。

會否是江梅花正發，先報隴頭春呢？！還是，在中午之前確有令你震驚和意想不到的事發生了？！

今天宜早睡，凌晨時分是空亡旅程，人皆宜靜不宜動。

西元二〇一〇年二月（February）

二月一日用事吉凶（十二月十八日壬午）

今天實在不易控制自己的情緒，如果要找出原因，恐怕是太陽由牛金過渡到女土的星象使然。不過，木星已去到天門，天象仍然好的。

黃昏之後有好消息，你宜細心觀望一下。

連續五天以來，生命的樂章就好象《西班牙隨想曲》無異，似乎進入了這個己丑牛年的總結，一件件不同的樂器奏曲的旋律相互交織，逐一奏出其音符的聲響。這是高潮的湧現，是男是女，不妨在欣賞中看看和絃中見紛爭，紛爭中見和弦。

一月二日用事吉凶（十二月十九日癸未）

看來一切回復正軌了！即使明天才開始見到「日月合璧」的好星象，但今天一樣充滿吉祥，沒有「凶」的時辰。工作稱意，人事和同，一星期以來還未完成的工作今天可以有結果的。蜜運成功的「飛上九重天」、「道是無形器，四時萬物生」、「前生緣分定」、「大海變桑田」、「太白騎龍馬」、「雲開逢暖日」……在不同時辰出現，那一個時辰可以印證你的今天呢？！

今夜宜早點休息，擁抱動聽的生命旋律入夢。

二月三日用事吉凶（十二月廿日甲申）

旭日東升的一刻說明「鳳德幽深遠，駒陰過玉台」；如果未得到如意的事，明天開始的庚寅虎年會給你補償，到時甜的、苦的總會出現。

正午時辰最吉祥：「南柯鸞鳳立，天表景星行；蜂釀百花酒，其甘與世殊」。假使你在午時看不的話，不妨作今年最後的出擊，在未時你要試圖接觸最關心你的人，可以是同性，也是異性的人。

我很難相信一個星期以來不會有重要的事發生於任何人的身上——當然，我日日談到的是對年青人，中年人而發。小孩子，早已退休的高齡人士、長者是例外。

世界是年青人的，今天牛年是一個階段，生命的樂章還會有未奏完的。明年的虎年在明天便開始了，今天凌晨「日月合璧」正是前奏曲。明天演奏的音樂是史蒂勞斯《春之歌》而非柴可夫斯基的《悲愴交響樂》。

二月四日（己丑年十二月廿一日乙酉，庚寅年立春前一刻）

今天日出時分正好是牛年虎年的交接，也是氣節的轉移。日月拱照驛馬、祿動，是好的開始。天地之氣還未穩定，不宜於卯時有大動作，要到正午才可以如常活動，尤其是女的——「枝頭春玉李，一朵綻先紅」（「金鎖銀匙」「二四二〇」）。至於男的，要有紳士風度先讓女的招展一下：Ladies First，不可着着爭先，不然的話就會傷害她們的自尊心了！因此，這天仍是男女社交的好日子。

申時男的可以尋夢，女的充滿溫情（二三三二一）。黃昏之時漫步海濱，遊船河值得一試，「紅波推畫舫」。在愛河中人大可高歌一曲《這是我們的一天》（Mattinata），盡量落實星象使之為人生之轉捩點。

今天未時極佳，「尋釣夢春澤，投身北海間」，「暮去更朝來，春花幾芳馥」（二三二二一），它跟昨天的內容有異，是虎年庚寅和牛年己丑不同罷了！

如果日月拱照之地有好的神煞，即使也有凶的存在，其時辰是摘吉的首選。

二零一零年庚寅（4 Feb, 2010 – 4 Feb, 2011）

二零一零年二月四日卯時

天祿	天暗	天福	天耗	天蔭	天	天刑	天印	天囚	天權	科名	科甲	文星	魁星	官星	印星	催官	祿神	喜神	爵星	天馬	地驛	祿元	馬元	仁元	壽元	血支	血忌	產星	生官	傷官
月	炁	計	羅	火	孛	木	金	土	月	金		水	水	金	金	孛	金	金	木	水	金	水	水	金	木	土	土	木	孛	羅

己卯 乙酉 戊寅 庚寅

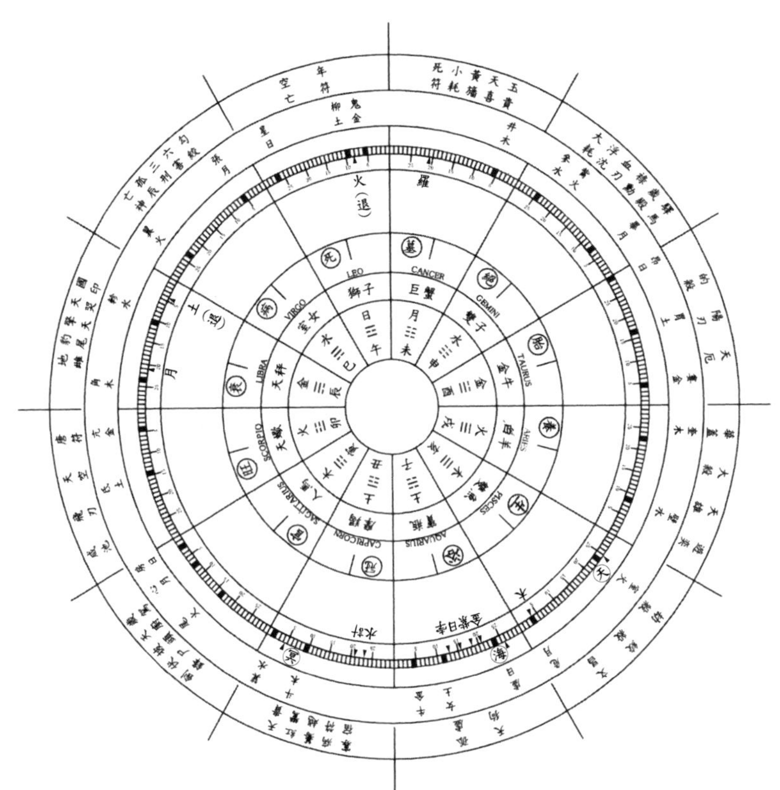

春有利名：二月十一日至二月二十日金星入亥宮與木星交戰。

二月五日用事吉凶（十二月廿二日丙戌）

兩天多的日月合璧過去了，今天月去到卯宮，「玉兔東升」也，也用不着我去解說，有誰說不吉呢？！如果在巳午間的時候向西方海平線望過去的話，當可見到她「猶抱琵琶半遮面」之態。這樣早西沉是失時。所以，今天可以說是男命勝過女命，傳統星命學會認定卯時午時於女不利，但這不一定蘊含男命獨當一面的吉祥。

一日之計在於晨，男的在今天若果在辦公室的工作不忙的話，他就宜於出差，或做點公關的事。女的則需要安靜下來，今天是潛思默想的一天，今天也是極具靈感的一天。好好的讓心靈的世界告訴妳知道：

是夢醒了（二四二二），還是「難許自由身，是心難飛走」（二六二〇、二八二〇），一如美智子當年無法避開明仁太子？

二月六日用事吉凶（十二月廿三日丁亥）

今天是星期六，如果不需上班工作的話，對男或女仍然是靜思的好日子。愛情的花朵待放了，能夠結果則需要彼此間的努力——「能開頃刻花」，但要「祝花宜壽」（卯時日出時的啟示）。細看各時辰的「金鎖銀匙」詩偈，無不點示這一回事。

假若有錯過了的良辰美景，現在男的不妨試圖去收拾舊山河，申時說及「新枝發舊花」（二四二四），「金盃休覆水，琴瑟再調弦」是巳時「二七二一」之數，酉時更會「蓮花隨步起，風雨過池塘」（二三二五）。戌亥二時辰都不會說出此情可待成追憶的迷惘境地。

再過一星期，大年初一便會來臨，而今是要做總結的時候了！然而，要知道的是，打鐵需要趁熱。今天的「金鎖銀匙」確實寫出了愛情有如「熱症」一樣，女的被異性夢魂縈繞，揮之不去了。木年的亥日全題就是這樣，反觀火年亥日則往往相反：「花開無結果」、「無語怨黃昏」。

昨天巳時，今天辰時，「難許自由身，是心難飛走」一次又一次出現，男士們，機不可失！

二月七日用事吉凶（十二月廿四日戊子）

日出後月仍在寅宮，其他諸星仍未轉宮。今天是星期日。

女人今天的情感世界有兩種明顯的傾向：接受和不接受異性變得涇渭分明。採取接受愛的——如果遇到的是好男人——可以「比翼雙飛」（二八一二），「冬天暖似春」（二七一一）。若果不接受真愛的，她不是索性做個「桑間女」（二三〇七），將異性玩弄一下，或者不聞不問，就是寧可「空自老」（二四〇八），是鷗鷺的角色就繼續扮下去，寧可「不與蛟龍並」存（二二〇六），接受「冷淡是生涯」（三〇一四）。

甚麼是愛情這個問題今天仍無解答，孔孟對它無興趣，是看不起女人吧！莎士比亞亦不知答案，今天的心理學家更不成！

寫「金鎖銀匙」詩偈的高人怎樣寫男人的反應——對着上面的千面夏娃？他可以「舞動錦飛鸞」（三三〇五），「撫手上南山」（二二〇六），「歡時起利心」（二一一五），或者不顧一切直到「強瀾四倒」（二八一二）！

不論是男是女，今天他們都一半是天神，一半是魔鬼。

二月八日用事吉凶（十二月廿五日己丑）

月在艮山，今天的星象點出怎樣才算有成，男女有份，不會有性別歧視——上天一直隱示男女平等。天降雨給義人，也降雨給不義的人。太陽之下無新事，能夠看得天意則因人而異了！

論時辰，今天非午未兩個時辰不可。午時日在最高之處，男的今天是春天時而動，「蠶營簇上繭，宛轉吐絲綸」（二六一二）。王言如絲，其言如綸，言出彌大也，《禮記》有鄭玄之註作如是說。至於女的，就是「神仙不用求，自有桃源路」（二六一二），未時的「金鎖銀匙」同樣吉祥（二七一三）：

男：掌火焚山澤，連天草木除。

女：白鬢喜相逢，齊眉並舉案。

今年是木年，木在天門亥宮，歲星亦得地，行君子之道者必為君子。今天沒有所謂「凶」時，如果有的話，就是為小人者必為小人，在午和未兩個時辰都不能承受其福。

假若你今天要擇吉，你在午未之間作何決定呢？！午時是靜態型，有點似不得志則獨善其身，而未時是動態型，得志則兼善天下。今天午時命坐陽刃，有天貴拱照，未時是驛馬，祿勳、天廚對照，兩個時辰絕對不會百分之一百全吉。我們以為擇吉是自由的，不妨細想「自由意志」是甚麼一回事。

二月九日用事吉凶（十二月廿六日庚寅）

香港也進入急景殘年中，因為還有幾天便是大年初一，學校放假，打工仔等待出雙糧過肥年。師奶要辦年貨而忙。今天最可愛的星象是「月在艮山，謂其無成不可也」！其所在之天宮是寅，有天廚、歲駕，看來是一吉象了！因此，對這個除夕而言，「有成」自然是與之相呼應，為殘年添上一點色彩。

在人生舞台上，今天是觀看眾生相的好日子，看看碰戲怎樣了。生於丑時的木年命，男人會「平步上青雲」（二二〇八），你會遇到他嗎？生於辰時的女人「利器手中持」（二三一一），小心她的一舉一動，說不定你會在街市或別的地方辦年貨，如果你遇到她的話。凌晨的時候，你是否仍在酒吧流連忘返，令到你今天上班後還如未睡醒似的，你一定遇到「桑間陌上」的女人了——「金鎖銀匙」（二三〇七）如果是的，今夜不要再去了。「采蓮曲未終，扁舟空蕩漾」（二四一八）的是她？壺中自有天地，不要作醉翁了——亥時上床入睡是健康的，主少在今夜而言。

二月十日用事吉凶（十二月廿七日辛卯）

今天早上醒來已是月在摩羯，小心惹是非，其他諸星無甚麼變動，祇有水星去到子宮。羅計橫空，漏出火土。如果你自上月底以來感到經濟上有點壓力，年關不易過，今天開始一週內會舒服得多了，水星伴紫炁反而令你有孤高之感：眾人皆醉我獨醒。不僅如此，明天心理上更有別的變化，舊曆年人日之前也許得到親友稱許。金木相戰，春有利名之象也，如果你是小孩子，「利是錢」必有斬獲——希望你的赤子之心會有助力。這是星象所說的。

目前還未到有多少大變化的時候，年初七太陽會離子宮入亥——「一年之計在於春」適逢其時，貴人桃花拱照，直到下月下旬之前均利小試，文昌照命也。

今天平淡，男的要堅守崗位——午未兩時辰尤需如是，切勿與異性爭強，你祇會吃虧的，其間有女強人在。若問凶時，男人沒有，女的在戌時。

二月十一日用事吉凶（十二月廿八日壬辰）

今天和異性關係有點吉兆，男女同論「二三二一二」：

男：分慶誕辰中，花下人相顧。

女：水邊多綠草，翠竹喜相逢。

不過，男的勿存歪念，女方喜歡的是老實、清高的人。女的要小心會遇到這個不老實的異性，尤其是午間的時分，他會見獵起心。此人狼披羊皮，有點小聰明，年命非豬則鷄。如果遇到他，酉時將會是妳的凶時。

說到擇吉，卯時辰時最吉祥；其他時辰都不好，更不宜取午時去舉行婚禮——11:24A.M.～1:24P.M.（「金鎖銀匙」的「三二一五」）。

二月十二日用事吉凶（十二月廿九日癸巳）

今天做女人的若非因為是年廿九，為年貨而忙，則整天想到新年轉瞬到來，不知春來之後又怎樣。不知怕這樣，就是別的，情緒完全不穩定，又疑心生暗鬼。身邊的丈夫怎樣？他亦不好過，像是坐着小舟去到禹門，但見波濤洶湧，說甚麼話女的都聽不入耳。

做男人在今天是受苦日，千萬不要惹上異性，不然的話，你就會被弄得團團轉。問題之所在是身在摩羯，必惹是非。女人今天有如維港被雲霧籠罩，男人是個看不到碼頭所在的舵手，嗚曲也無用，祇會弄到一團糟！

平時日子中之所謂吉凶不會出現；男的女的都是自討麻煩，早點休息為佳：「碧落出烏輪，眾星拱北斗」（二六二〇）。

二月十三日用事吉凶（十二月三十日甲午）

如果今天的天氣好，則是「多少魚蝦出，惟有歲寒情」，但若果陰霾密佈的話，這個年三十晚亦不好過，僅僅比昨天好一點而已，原則上今天辰時對男的和女的都吉祥，因此最適合兩性化解昨天積下來的怨氣。

桃花見於卯宮，男女想明年桃花得力則需在辰時，午時、申時，或今夜凌晨購買桃花作應時之用。已婚者則要想清楚才好做，怕的是桃花會帶來第三者，必須避開這幾個時辰買桃花，或帶回家中。

酉時對男人凶，戌時則為女的凶時。

二月十四日用事吉凶（正月初一乙未）

今天是大年初一，卯時最為吉祥，男女一樣，最好在這個時辰起來去迎接東升的太陽，原因是你可以讓日月夾住這個時刻。

辰時之時，如果家中有視先神位的話，這是燒香的好時辰，金木兩星臨照之下，取得「春有利名」之吉兆——「井雲天外飛，方見雲中月」（三〇一六）。假若信仰基督教、天主教，那就祈禱好了！對於無神論者，這時也宜抖擻一下。

今天完全沒有凶時，星象如是，「金鎖銀匙」詩偈亦如是。不要忘記的是，今天是情人節，日月夾住情星——充滿靈感了！若問「靈感」到來的時辰，女的在卯時，男的在申時，而對於年命為木的，更不可放過這時辰的第六感覺。

茲列下七十歲之下木年：一九四二、一九四三、一九五〇、一九五一、一九五二、一九五八、一九五九、一九七二、一九七三、一九八二、一九八三、一九八八、一九八九、二〇〇二、二〇〇三（今年庚寅始自2月4日），亦應於卯申兩時辰出生之嬰孩，男女均大吉。所列出年份以立春為始，至翌年立春前為止。

寫到這裏，想起每個年初一總會在電視台報導搶閘出誕生的嬰兒，今年不會例外吧！其命局如下（男的正好和我的一樣）：

男：蠶營簇上繭，宛轉吐絲綸。強瀾既四倒，地道有常經。

女：神仙不用求，自有桃源路。姻緣同比翼，風送上天去。

讓我在此祝福他們，希望他們比我更好，因為我沒有的是，生於情人節。

二月十五日用事吉凶（正月初二丙申）

今天星象和昨天最大分別是月去到天門和金木兩星同處於亥宮之中，此乃利名近身之象。不過，相似之處是十二個時辰對男、對女都無凶象。由於日月夾住金水兩星，財、情俱得日月之庇佑，除辰時之外，申時亦大吉，文昌、玉堂貴人，桃花、天喜與之相關，我看不到為何今天會有不如意的事。

既然是假期，最適宜拜年，小孩子利是會比過往幾年多；如果在外面出遊，一家大小都會見到「梅花待春風」的怡人景色，也許的桃花已幻作為枝頭的玉李，即使是假山的小樹也散出金花了。萬里清風裏，明月落我家該是今天的答案。

二月十六日用事吉凶（正月初三丁酉）

俗稱「赤狗日」，古代的人不出門，赤狗是標怒之神，遇之不吉。不出門，不宴客，在家「謝年」，祭祀天地和家神，這傳統在今天怎樣了？是的，今天的確有「金鎖銀匙」說的凶象——辰時是女的凶時，午時則是男的。因此，身為丈夫的應在巳時祭祀諸神。星象所示是金木兩星像捆紮在一起似的，金為情星，由於木氣強，金為木傷了！難怪「二六一八」女命之「金鎖銀匙」有大圈十個，而「二五一九」也說：「要祝花宜壽，須求菊蕊仙」。

昨天日月夾住金木兩星，今天則是日月夾住相戰的金木。不宜求利求名是今天的中心；所以，不宜出外並非沒有道理。

男的要小心午時，桃花帶刃，辰申兩時都有桃花拱照，最凶的是午時，如果出外，慎之。

二月十七日用事吉凶（正月初四戊戌）

金星離開木星走到前頭去不再刑戰了，而月亦於卯時間離開天門；昨天不甚好的天象再不會在今天重現。因此，卯時末段是月的空亡旅程。月為妻，已婚女命卯時凶，酉時亦凶，陽刃臨命也！男命無凶的時辰，但亦無大吉的，一天平平而已，今天到明天午間之前，日會由子宮入天門，亦有日之初段空亡旅程。

如無必要，寧靜的時刻在今天尤其重要。刺激之事不宜，清晨（辰時）去散步，呼吸一下新鮮空氣應該是今天最好的節目，男女同論。如果今天需要上班工作，更要留意自己的情緒，以平常心面對四周事物。

二月十八日用事吉凶（正月初五己亥）

今天更要比昨天面對一切，但在事情的處理而吉則有意想不到的力量湧現，看看在工作時它怎樣為你開始。今天的吉祥時辰以此為衡量準則。淡淡的心態勝於激動和熱血奔騰。一切隨緣，隨遇而安，男女同論。男的看看早上能否到達這境地，女的成功機會比男的容易，到了下班的時份到來，女的當可發覺自己是做到了！

月在文章璧府，日在空亡旅程的末段，前者安定，後者不穩。日為陽，月為陰，前者代表男性，後者則為女性。

細觀日到中天時的「金鎖銀匙」就知其中底蘊了，「二六二二」：

「在八方荒遠之地都是我的居處，輕微的變動也令我軀體受損的（男）。縱使月有圓缺，桂子仍然飄香千里（女）。」

二月十九日用事吉凶（正月初六庚子）

月到滄海之時三方無星拱照和直照；桃花天貴紅鸞與之相關切。上弦月的女神感到孤單寂寞，像妳一樣的今天少女會嗎？等待吧，看看四天後那時愛情的春花會否綻放！他總會找妳的，因為他今天的心情不穩定。縱使人生如夢，他仍然相信愛情，妳聽過邯鄲夢的故事嗎？盧生舉進士不第，在邯鄲投宿，煮黃粱吃。他未將之煮熟就打瞌睡入夢去了，片刻之夢是五十餘年，醒來黃粱仍未煮熟。

妳看到卯時太陽在天門還未立定腳步嗎？「金鎖銀匙」的「二四〇八」說日月煮黃粱——妳在滄海，他在天門，相距何其遠？！黃粱未熟，妳醒來，但他仍在天門發名利夢，有金木二星伴着他。

未時他也許會有音訊，到時妳就感到身登仙境了。如果還未有消息的話，將臨的星期四是日月合璧，到時自有分曉。在等待中的心情並不易受，妳得到的回報是重逢的喜悅。今天是等待的日子——對女人而言。今天也是做夢的日子——對男人而言。分別是愛之夢、名利之夢而已。

二月二十日用事吉凶（正月初七辛丑）

今天是人日，事在人為，星象十二個時辰無不說明這一件事。對男、對女都是這樣，沒有凶的時辰。十二天前的己丑日和今天的辛丑日都是「丑」，不同的是日月金的所在，這就影響到對「金鎖銀匙」之詮釋有異了。

今天是星期六，假日的氣氛很濃，仍然是做夢的好日子，是愛之夢和名利之夢，人可以成為天神。

你夢到那年在楓葉繽紛中與她攜手一起上南山，月色染雲霓。但你又想到如果登上三公之位，那麼一生就平步青雲了！這時的你真是意氣風發，四方皆可去的。你有否作出明智的抉擇呢？每想及在年輕時真的需要幹一番事業時，你怎可以遠離塵囂止？！

東山八麥遭到雪霜侵襲，你看不過眼，決定不上南山；你要清除野草，一把火就連好的也燒掉。你也想到要學子產從政，為國家民族做一點事。你遇到三伏的日子，舉目仰天人。夜空的星光如此奪目，即使在湖面反映出來的也令你感到眩惑了！萬籟清風裏，玉人何處教吹簫？！

她怎樣了？！等待你的歸來——雨過天霽，青山多嫵媚；再一次與你舉案並齊眉。雲飛天外才見雲中月，人生的變幻真如浮雲，在家園或是異域都是一樣，她說杏花煙雨的江南也有暮色蒼茫的時刻，但顆和你比翼雙飛，風送天上去。是的，不用求神仙也可以尋得桃源之路。

「古今如夢，何曾夢覺！」蘇東坡如是說①。

寫丑日的「金鎖銀匙」作者是誰？

今天是真正的人日，用不着像前人一樣去用晴陰雨雪占一年的病疫禍福了，因為星象在今天是日月夾着福德和金木兩星的。整篇「金鎖銀匙」是人的真正寫照。

① 句出蘇軾《永遇樂．彭城夜宿燕子樓夢盼盼因作此詞》，全詞為：「明月如霜，好風如水，清景無限。曲港跳魚，圓荷瀉露，寂寞無人見。紞如三鼓，鏗然一葉，黯黯夢雲驚斷。夜茫茫、重尋無處，覺來小園行遍。／天涯倦客，山中歸路，望斷故園心眼。燕子樓空，佳人何在？空鎖樓中燕。古今如夢，何曾夢覺，但有舊歡新怨。異時對、黃樓夜景，為余浩嘆。」

二月二十一日用事吉凶（正月初八壬寅）

日出前後寅卯兩時辰最好，如果留得住卯時的「二三〇九」那就好了，男的在春風中跳舞，女的待知音人到來。

今天是星期日，辰時不妙，避之則吉：「當道雪中草，青蛇用蔽身」，「利器手中持，消息長無苦」。這要看看你在甚麼地方，早上7:24A.M.～9:24A.M.有甚麼地方可以去呢？！假若你是當值警員要去追查一個疑犯，提防有被狙擊可能！

午時雖然不算好，但不如辰時之隱藏殺機。至於對常人來說，早上最好不要對任何人逞強，受損的是自己而非對方，男女同論。即使是夫妻兩人之間，更不要有小磨擦，它可能演發出難以控制的局面——任何一人都會向對方施暴力。

黃昏到來之後，浪漫氣氛漸濃，不可錯過。

二月二十二日用事吉凶（正月初九癸卯）

月遶崑崙，也就是西洋星學說的月到雙子星座。

午時之時，日月在角度上成直角，是風生浪擊之象。如果你在這個時候向東方海平面望過去的話，就會見到月在風浪中由水平線升起來。今天對男女的最不利的就是巳午兩個時辰。

巳時「波浪急」（二三一三），午時「狂風惡」（二四一四）。

還未到黃昏月離開昴而入畢宿，不僅是空亡旅程，而且詩之「月離於畢，俾滂沱矣」，到時下雨並不稀奇，風風雨雨不見於天則見於人事。月為情感之管籥者，所以女人要小心戌時，到時情緒不穩定了！

西洋占星學有一個神話說，獵人奧拉昂（Orion）觸怒了天后赫娜（Hera），她命天蝎去攻擊他，奧拉昂不敵，被天蝎螫死了。今夜亥時看看天蝎在東方冒出地面怎樣？！這時的獵人星座便向西下沉，距海面30°而已！稍遲，奧拉昂便被葬在波濤之下。

參宿三星是獵戶的腰帶，夏朝時「參」是族星，夏商兩族水火不容！參宿下沉就是心宿（大火）升出水面之時。「人生不相見，動如參與商」。

中西神話說的都是今天可以見到的星象。是凶抑是吉呢？星象有圖無文。人事又如何，女人今天情緒不穩是誰的責任？獵人怒犯白色女神而自討滅亡，男人不妨深思一下自己是不是奥拉昂。

二月二十三日用事吉凶（正月初十甲辰）

今天早上月在雙子宮中度，明早卯時則入巨蟹宮的未宮了！今天也是日月合壁前的一天。

昨天和今天星象的分別是月之所在，僅此而已，其他星體躔度變化很小，影響是有限。然而，月今天升出水面之時不會有風生浪擊之象了——與日交角是超過一百度。

昨天的神話引發出來的問題要到今天才有解答，那不是我而是「金鎖銀匙」的解答，是午時「三一一五」的詩偈：

男：趙人兼晉壁，歡時起利心。

女：活計水中萍，姻緣風裏絮。

這兩句詩說明了昨天和今天午時之別了！

為甚麼今天沒有情感風浪，原因是今天日出之際充滿吉兆的「二二一二」，男是「分慶誕辰中」，女是「翠竹喜相逢」。稍有不美之處是午時提防遇到一個因財失義的男人，或者酉時的人會因追求權力而捨棄愛情，因此為妻者惆悵不已（二八一八）。

如果換作是辰時的「三三一三，那就最好不過了」：

「景星移北陸，五百里賢仁出，在南宮的則是情星，情歸何處？巫山十二峰的雲雨！」

吉凶時辰所在，這是女人要自己去摘取的事。白色女神會裁決他到底是君子好逑，還是個貪新忘舊，見色忘友的小人。

二月二十四日用事吉凶（正月十一日乙巳）

這個月最好的應該是今明兩天，尤其是對於擇善求真而言。要明白的是，日月合璧（或稱之為「拱照」）今次牽涉到的是亥卯未三宮——亥有文昌，未有玉堂貴人，卯有桃花。卯時坐文昌，玉貴桃花拱照；未時則身在玉堂貴人之地，文昌桃花拱之；亥時則坐桃花，文昌貴人拱照。此外，亥卯未三宮內的金木月羅亦佔同樣重要地位——金是天官星，木是爵星，月為天祿，羅是天耗。

由於每宮都有至少一個好的星曜，故亥卯未三時辰都吉，如果遇不到好的話則略有所失，不能說「不好」是由於得日月所蔭庇也！至於亥卯未三個時辰「金鎖銀匙」所言，詩偈好固然好，但如果不好的話，這也不見得要緊。十全十美的事是不可能發生的。遇到日月拱照的日子，日月駕馭一切，不在亥卯未三個時辰，一切至少作平平來看，無凶時存在。今天是乙巳，文昌玉貴桃花是主象，流貫每一時辰，亥卯未三時辰及落實之象。現在看看：

（一）卯時「二三一三」：

二零一零年庚寅（4 Feb, 2010 – 4 Feb, 2011）

二零一零年二月二十四日卯時

天祿	天暗	天福	天耗	天廕	天[illegible]	天刑	天印	天囚	天權	科名	科甲	文星	魁星	官星	印星	催官	祿神	喜神	爵星	天馬	地驛	祿元	馬元	仁元	壽元	血支	血忌	產星	生官	傷官
月	炁	計	羅	火	孛	木	金	土	月	金	[illegible]	水	水	金	金	孛	金	金	木	水	金	水	水	金	木	土	土	木	孛	羅

己卯	乙巳	戊寅	庚寅

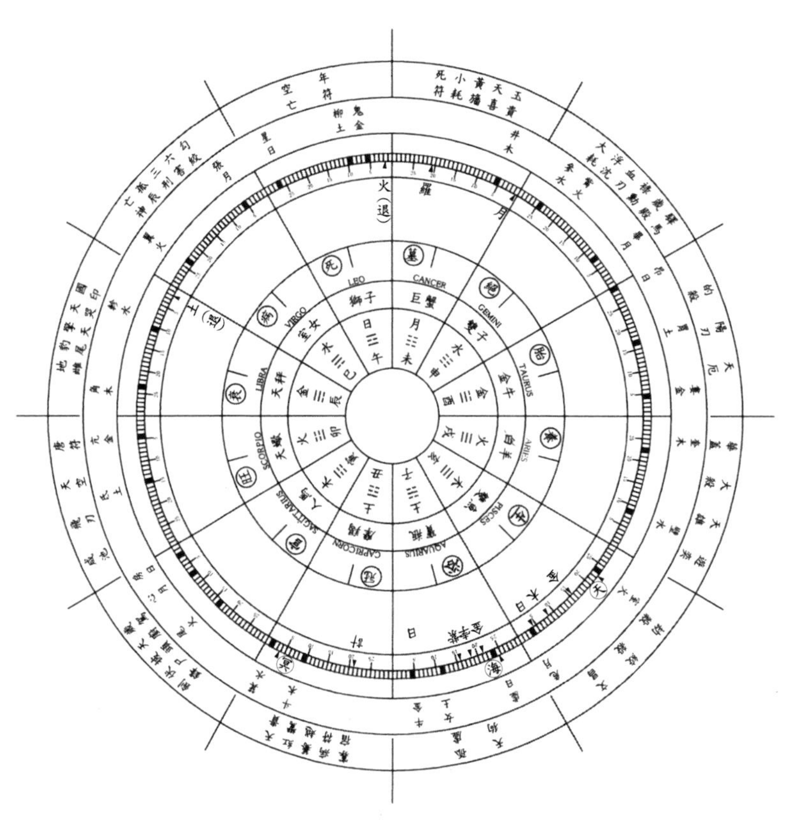

心一堂當代術數文庫・星命類・其他類

男：禹門波浪急，冬月井中魚。

女：日日任東風，女子貞不字。

男命於四十歲或多幾年鯉跳龍門，晉陞也，而女的「貞不字」典故出自《易經》屯卦二爻爻辭，高亨《周易古經今註》釋之為：「不許嫁則十年乃克許嫁，三年不孕亦終有孕。」

（二）未時「三二一七」：

男：子產畜生魚，校人得烹食。

女：萬里白雲繞，江南日暮春。

子產指鄭大夫公孫僑有高位，即使為他養馬的人也有食了。

另外「二三一七」說：

男：江漾南山影，雁從雲外飛。

女：姚黃並魏紫，相遇五更風。

姚、魏均為牡丹，富貴花也；姚為子葉金花，魏為千萬肉紅之花。

（三）亥時「二七二一」：

男：雷天震天鼓，青天無片雲。

女：金盃休覆水，琴瑟再調弦。

二月二十五日用事吉凶（正月十二日丙午）

今天日月拱照要到明天早上卯時初才過去，其拱照之力瀰蓋到月由未入午宮之前的一刻，今天亥卯未時辰如下：

（一）卯時的「三〇一四」：

男：鵲巢高樹上，風雨絕塵埃。
女：冷淡是生涯，何須花蔟蔟。

玉貴乃朱紫客，無阻於簡樸生活。還有「二四一四」：

男：瓦冷霜華重，飛灰葭管中。
女：豈料狂風惡，花開落嫩紅。

「瓦冷霜華重」用典出自白居易《長恨歌》①。

（二）未時：

男：地軸天輪轉，壺中日月長。女：採蓮曲未終，扁舟空蕩漾。

（三）亥時：

男：八荒惟我室，變動體無常。女：娥眉月圓缺，桂子漫傳香。

至於淩晨子夜屬明天，子丑寅三時屬乙未日的事了！

到此，我想說一些題外話，《香港亂噏》似是特別行政區最大特色，否則TV不會有這種諷刺節目。基此，也許我難免也被視為「亂噏」了，關於「日月合璧」星象，我的《命運組曲》已有最詳細的探勝。茲有一實例和昨天卯時之詩偈相同：

① 白居易《長恨歌》：「遲遲鐘鼓初長夜，耿耿星河欲曙天。鴛鴦瓦冷霜華重，翡翠衾寒誰與共。」

《沒有你是多麼的憂黯》是亡妻在明城寫於逗九七三文四月十三日巳時的詩，該日是己卯日，斯時日在戌，月在午，日月合璧也（寅午戌三合互拱），女命「金鎖銀匙」是「二三一三」，跟昨天（二月二十四日）卯時一樣：

男：禹門波浪急，冬月井中魚。

女：日日任東風，女子貞不字。

我過了十天馬上由港回英。我和曼於一九六五年結婚，兩個女兒分別生於一九六六、一九七一。傳統社會認為生兒子才是有所「出」，女兒不算。因此，「女子貞不字，十年乃字」爻辭終成事實，因為曼和我婚後十年才有兒子，他是誕生於一九七六丙辰年的。郭樸注曰：「字，生也」。

曼的詩寫於一張Impression Card上，原卡印有So Blue......Without You，題有日期和時間。此詩錄於《果老星宗新詮》①附錄的〈兩岸詩選〉內。

① 李光浦《果老星宗新詮》（修訂版），香港，心一堂，即將出版。

二月二十六日用事吉凶（正月十三日丁未）

今月最重要的兩天擇吉日子過去了，今天凌晨連續同個時辰（子和丑）也很有其深意「二八一二」、「二六一二」和「二七一三」：女的受惠多過男人。有夜生活者也許有用，對於較為早睡的人倒不如在夢鄉去看看怎樣好了！

今天是星期五，工作上的表現女優於男。如果其間有棘手的事，不妨先讓女職員去處理，她們樂意趁機展示一下自己的才幹。

黃昏前後一切要隨緣，亥時不利男，「二五二三」引用典故說姬姓在戰國時為韓所滅，子孫播遷陳宋間，至於女則「把鏡稱月影，朱顏渾未改」。男人宜早睡。

二月二十七日用事吉凶（正月十四日戊申）

如果昨夜到今早凌晨在外流連，則可能敗興而返。碰到潑辣婦並不出奇，你也許要攘臂才可以取到珊瑚樹，但願不會連鐵柱也要擊破（二六一四）。

今天是星期六，未時男女都吉，更利於年命屬木的男人。否則，女的受益於時令還是比男的為多。

二月二十八日用事吉凶（正月十五日己酉）

洋人的情人節今年是年初一，今天則是我們的情人節，年年都是正月十五。細看之下，今天比年初一遜色。

月上柳梢頭是昨夜，月在柳土度，今天月已去到星日度了，蘇味道〈元夕詩〉云：

火樹銀花合，星橋鐵鎖開。
暗塵隨馬去，明月逐人來。
遊妓皆穠李，行歌盡落梅。
金吾不禁夜，玉漏莫相催。

廿一世紀的情人節怎樣？會否有過之而無不及呢？！

先看日出有何啟示，「二七一七」詩偈大概可以語譯為：

黃昏後天色已定，柳絲早將春色捆紮好了。（男）

人人說是桃李的春天，但要愛惜的是桑樹。（女）

日落是酉時：

男：將燈入洞坐，洞里有輕風。

女：水畔插垂楊，孫陽黃金屋。

孫陽，伯樂也，古代善相馬的人。

戌時平平。

亥時則應時而生，坐桃花，玉堂貴人和文昌拱照，利讀書人。整天星象中以亥時最吉祥和合時，在桃花臨照之下：

男：蓮花隨步起，風雨過池塘。

女：芳草碧連天，塵襟臨弦索。

這次的「塵」襟來自「暗塵隨馬去」的「暗塵」，不是風塵僕僕的塵。日間時辰一般而已，原因是木掩日光，整天的意義祇有亥時。如果抓不住亥時的話，便是虛渡這個情人節了！

最後，桃花雖然鮮豔，但不要忘記工作的重要。

西元二〇一〇年三月（March）

三月一日用事吉凶（正月十六日庚戌）

今天太陽仍為木星掩蔽，不過卻比昨天好一點，但水星則由寶瓶入雙魚，日月對照，五星氣聚天門。

木蔽陽光，日為夫，故卯時於女命為凶象。官星亦為夫，官星是水星，過宮也是空亡旅程，故午時亦女命亦見十個大圈，夫凶則自己也凶！不過，日落之後，女命則得天時地利，月升殿於張月度，助夫也可！

女命日間不吉，夜則吉。男命今天從妻。

屬男命的今明兩天須留意健康。

三月二日用事吉凶（正月十七日辛亥）

木星今天再不易犯日了，而且太陽行速比它快一點。昨天、今天的男人都應感謝身邊的女人。有枕邊人的男人有福了，她不會丟下你的；兩天以來她都有「難許自由身，是心難飛走」的時刻。所以今天日出時的天象說你要為妻子、情人祈福，缺少了背後的女人你就一點成就也沒有。「金鎖銀匙」的「二五一九」、「一九一九」要這樣演繹才對。

今早辰時月到天秤宮，為空亡旅程，宜靜不宜動；土星於約3°之處相迎，變成土掩月。土為妻、為身、為母，故今天下午勝於上午，男女無異。

三月三日用事吉凶（正月十八日壬子）

早上醒來可以見到月亮在西方海平面上30°，土星距離月10°，所以比月先西沉。今天星象最大特色是月照天秤。在工作而言，星象於男女俱有利，步踏實地去幹，今天是會如意的。唯要留意的是，未時男的恐有意想不到的失誤，但有女貴相助的話，則不會被難倒的。

今天利於出差，男的小心桃花，女宜潔身自愛；可以做得到的話則整天都充滿吉祥。其實，今天根本無凶的時辰。

三月四日用事吉凶（正月十九日癸丑）

今天是星期四，巳時的月已入卯宮，日月拱照玉貴天喜，天耗星羅　亦受日月之光。這次日月合璧到星期六午時前才離去。正如以前指出過，這種被視為受日月蔭庇的時辰是亥卯未，意謂天長地久的永恒一刻吧。

上次日月合璧出現於二月二十四日的乙巳日，今次是癸丑日。這兩次亥卯未三個時辰的「金鎖銀匙」詩偈自然不會相同——雖然太陽都在亥宮，但月則上次在巨蟹宮，今次在天蠍了。到此，我分別將卯、未、亥三個時辰的「金鎖銀匙」語譯於下：

卯時「二三〇九」：

自天而來用以調製米麵粉的水，它如滴漏出來的水一樣，可以往四方八面而去。（男）

玉杯不一定用來載名貴的濃酒，它亦有可盛清淡的，這有如龍和蛇會為一室之地而爭。（女）

未時（二七一七）：

你一掌推出，掌力如巨焰那樣其有威力，將山澤和連天的樹、地面的草都焚成灰燼。（男）

到白髮皤然妳會遇到意中人，彼此相敬如賓；這真的是梁鴻、孟光的再生緣了！（女）

亥時「二三一七」：

你心蕩漾出南山那歸隱的地方，往雲外飛去吧，不要再眷戀這塵囂之地！（男）

富貴花中的「姚」有千葉黃花，「魏」則是紫紅的；它們都是牡丹，遇到五更風起，也會紅銷翠減的。（女）

亥時「三一一七」：

鄭大夫公孫僑畜養生魚，他的養馬夫可以烹食。（男）

在萬里之外白雲怎會不環抱自己依戀的山巒？！可愛的杏花煙雨底江南也有夜幕低垂的時份！（女）

三月五日用事吉凶（正月二十日甲寅）

不可錯過今天，因為今天仍然是日月合璧的好日子！三個好時辰的「金鎖銀匙」可以這樣語譯出來。

亥時「二四一八」：

天道左旋，地道右旋；壺中日月長。這是天長地久之家啊！（男）

你還未唱完採蓮曲，坐着的小舟還在蕩漾着。（女）

亥時「三〇一八」：

那些在溪水的綠草像浮萍似的，她吐發出陣陣清香散在空氣中，太令人感到奇怪了！（男）

母鷄產下如鳳凰的小鷄後，回首四顧，母子兩人原來不在塵埃之地了！（女）

卯時「二三一〇」：

月下有芳枝臨風招展，猶如深秋的黃葉一樣想着要與春風共舞。（男）

庭院深深深幾許，月色皎潔可愛，琴調能得幾知音？！（女）

未時「二八一四」：

在廣漠無亙的大地上面，清風陣陣吹來；秋月當空，讓簫聲傳送到四周吧！（男）

秋夜一聲雷鳴，明月要照的到底是那一個人——我心屬於誰？！（女）

未時「二六一四」：

奮臂以起，為取值錢的珊瑚樹，你連鐵柱也擊破了。（男）

妳像鸞鳳一樣，為了引導小鳳學習飛動而忙過不休，其實那祇是兒戲而已。（女）

於各時辰誕生的人，詩偈所言就是命局，反覆出現的生命主題；擇吉是寄望會成為事實。不過，譬如說在平淡的生活中，今天未時會不說有女命而為母者動了氣，被女兒激到氣沖沖——於開心懷吧，女兒不聽話是兒戲而已，何必那樣緊張？！

三月六日用事吉凶（正月二十一日乙卯）

今天是星期六，早上卯時仍是日月合璧之好時光，辰時亦然，巳時勉強亦可以，但到午時則月由卯入寅，是「過境」的空亡之旅（Void of Course）——靜守安常為吉，未時則穩定矣！其他時辰平平，祇有戌時不可妄動，原因是金星由亥宮入戌，是男人情星入空亡旅途——戌時以辰宮為命宮。簡言之：

卯辰兩時辰，男女大吉，辰時亦吉，午時男女宜小心，未時男比女略好一點兒，戌時男平平而女則不妙（凶也）。

卯時「三三一一」：

男：朔風從此起，冰鑒照青天。

女：芝蘭出蓬蒿，莫染花間塵。

二零一零年庚寅（4 Feb, 2010 – 4 Feb, 2011）

二零一零年三月六日卯時

天祿	天暗	天福	天耗	天廕	天[illegible]	天刑	天印	天囚	天權	科名	科甲	文星	魁星	官星	印星	催官	祿神	喜神	爵星	天馬	地驛	祿元	馬元	仁元	壽元	血支	血忌	產星	生官	傷官
月	炁	計	羅	火	孛	木	金	土	月	金		水	水	金	金	孛	金	金	木	水	金	水	水	金	木	土	土	木	孛	羅

己卯	乙卯	己卯	庚寅

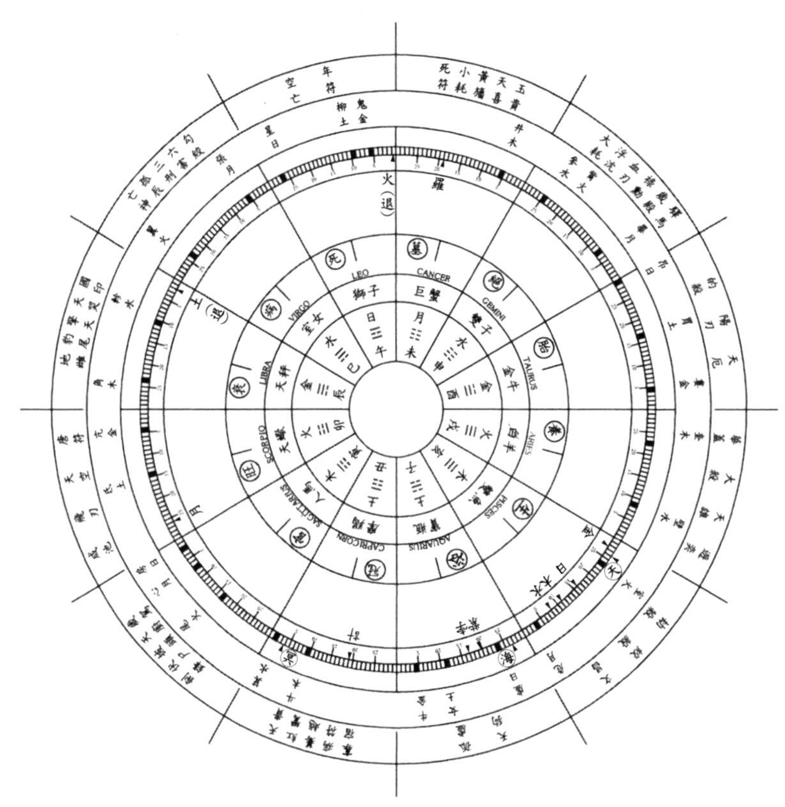

三月七日金星入戌宮，三月十七日水星於中午前入戌宮，三月九日，火星回復順行。

辰時「二二一二」：

男：分慶誕辰中，花下人相顧。

女：水邊多綠草，翠竹喜相逢。

巳時「二三一三」：

男：禹門波浪急，冬月井中魚。

女：日日任東風，女子貞不字。

午時「二四一四」：

男：瓦冷霜華重，飛灰葭管中。

女：豈料狂風惡，花開落嫩紅。

未時「二五一五」：

男：騎牛逐麋鹿，前程路不迷。
女：木非凡木比，可用作門楣。

戌時「二六一八」：

男：身自攜筐去，憂勤等采薇。
女：○○○○○，○○○○○。

若問所謂吉時、凶時，上面第二段就是了。好奇者則可於卯辰巳午未戌詩偈中看看玄機，要知底蘊則非看星盤不成。如果今年甚麼《通勝》與之不合，則它們都是不懂舊學的江湖術士而已。《御定星曆考原》卷六談擇吉時說：

「……一日之間有吉神又有凶神。且有一神而異名者異其名矣。又有一為吉一為凶者。夫神煞之名不過五行（筆者按：五行見於星盤為金木水火土五星）之生旺休囚干支之刑衝合會（即星盤上各星之於彼此位置上的角度）以為斷耳。術數之徒乃甚言其吉凶以駭眾而震俗。偶有所驗羣焉信之。而古之立說茫乎莫知其所由來矣。今吉凶神煞既然註釋。而又即用事註其宜忌。以為選擇之例。亦皆仍歷書之舊云。」

李光地是清康熙時之天文學家，也是一代理學家，《欽定協紀辨方書》的先驅者；他「所著書比歐邏巴之學」（阮元語），寫《曆象本要》的他怎會不知星象與吉凶的關係？！

三月七日用事吉凶（正月二十二日丙辰）

今晨不宜於寅時起床，最好還是留在夢鄉為宜；星象與之相關是火星退行於兩歧之地。「二三一一」詩偈說女的「手中持利器」，男的則如青蛇一樣，要蔽身於雪中草。在女則自己吉，在男則女凶。

卯辰巳三個時辰男女大吉，祇有巳時略為遜色。

午時的男人「歡時起利心」，女則「姻緣風裏絮」——不宜於這時辰與男人談生意，寫「調笑令」。總之，要把握好時辰做事則非辰巳兩時辰不可，男女同論。

若問不利者，祇有女人與之相關，是酉時，星象是月出心月入尾火度：「履虎尾，不咥人，亨。」

三月八日用事吉凶（正月二十四日戊午）

月球今天仍在尾火度，雖然可以說「亨」，但老虎不咬妳衹是擺出紳士風度，其心怎樣妳看得出嗎？

男人除卯時見有洶湧波濤（「二三一三」）外，日間當會如意，但卻非大展拳腳的時候。女的亦不過不失——除亥時因月由寅宮入丑宮以致有情緒不穩。如果男人能把握機男女都可以化不宜為吉祥的事，「二七二一」說：

男：雷是震天鼓，青天無片雲。

女：金盃休覆水，琴瑟再調絃。

三月九日用事吉凶（正月二十四日戊午）

月在摩羯，此象要到後天巳時才消失。蘇東坡，韓愈因此象而被貶職，女的則需因惹是非而當機立斷，化不安為吉祥——私奔的星象。

對於在職男女而言，能善用之則男需女之扶助。不過，女的卻要具有慧眼，看清楚那個男人才是值得援之以手才成，火星這天開始順行了！

一日之計在於晨；日出之時男的「瓦冷霜華重」，女的「豈料狂風惡」，這意味着今天事態反覆，是否嚴重則視乎是那一方面的事而已！

男人要留意未時，釣台下的水中會有鱷魚匿藏（「二三一六」）。

酉時若路見不平拔刀相助，唯恐自己受傷（「二四二〇」）。

女的除戌時見不利（「二五二一」）——最好留在家中，不出外作任何活動——其他時辰平平。如果可以不被捲進是非叢中則最好。

三月十日用事吉凶（正月二十五日己未）

今天男人主題是「騎牛逐鹿路不迷」，女的則是看清楚那個異性是「木非凡木比，可用作門楣」——「二五一五」詩偈。

申時男女俱吉，彼此有利（「二二二〇」）。

午時男的要提防水中藏有鱷魚。

巳時女命小心有不測風雲（（二三一七））。

值得留意的是亥時，女吉但男有敗亡之兆，需防患於未然，「二五二三」云：「蛇鬬鄭門中，廣陵盟亦載」，此乃男的詩偈：魏散亡自廣陵始；不宜有任何盟陵，勿簽生意同意書，更忌山盟海誓之辭。至於女的不然：「把鏡稱月影，朱顏渾未改」。

三月十一日用事吉凶（正月二十六日庚申）

今天過了巳時月不僅離開是非之地，雖然下弦乃退氣之象，但在斗木度上仍是好的——尤其是對女的而言，火星在井木度，通身有情。

男女如不妥則要避開戌時，因為「二三二三」說別離之景：

男：三月無根柳，空中舞柳花。

女：梨花滿院香，莫收春帶雨。

當然，輕者可以是機場送行，未必有「執手野踟躕」底悲涼感觸。

午未申酉四時辰對男對女都好，情感、事業無異。男的事業工作方面略優於兩性關係，女則不受此限制。

三月十二日用事吉凶（正月二十七日辛酉）

星盤上的月亮今天受到紫孛會合的影響，不論男女，好處是易於心軟，不好之處則內藏心計。

男的要避開午時，女的則為辰時；此間惟怕感情用事，因未達中庸，適當而在處事中帶給自己傷害。其他時辰不過不失；率性而行，不妄想，不強求自有快樂的一天。

如果需要尋夢，亥時最相宜：「東海植扶桑，西海載弱水」，男人可以看看有無貴人自東面來，來自西面的則不妙了！至於女的，「天外雁聲孤，喚醒佳人夢」是說夢醒的時候；把握這個時辰，有無「靈視」——原因是火在空亡，火空則明，拱照於獅子宮，火是女命的情星，前一段日子此象不能有力，退行也！

三月十三日用事吉凶（正月二十八日壬戌）

今天午間月亮出寶瓶宮而入雙魚宮。如問不吉時辰，女的較男的要更小心，因為女命見有十個大圈，凶也！男的亦不見好得太多，「二五二一」詩偈說男命「把扇作飛簾，糞塵咸席卷」，飛廉是風神，你手中的是扇吧了！因此，縱使你想搖動扇子，你有否想到連糞塵被卷起？！

辰巳兩個時辰對女的有利，有緣而又有情的異性說不定於其間出現，尤其在巳時——「難許自由身，是身難飛走」（「二六二〇」）。然而，小心不要「馮京」作「馬涼」，變成不是冤家不聚首，就是煩惱自討了！

至於男命，金星快到壁水度。今天是星期六，用不着上班，有夢何妨！今天金星引日，水則隨日而行，未時之時拱照已身，可以「東海植扶桑」，而致「西海載弱水」（「二四二二」）。

三月十四日用事吉凶（正月二十九日癸亥）

今明兩天月球在太陽後面，我們在地球上肉眼看不到她，亥時的天象正好是「三三二七」說的無異：

男：地形接霄漢，在下有星辰。

女：風煙欲瞑天，日暮江南樹。

月在退氣，月為情感之星，於這方面來說與金水字相似。如果以江湖術士的術數來看，亥日亥時是「自刑」，也許《通書》上說今天亥時是「凶」的時辰。

然而，以今天的星盤來看又豈會如是？！

原因是「在下有星辰」正好是日月木水所在，拱照着亥時之命宮——卯。如果要找好的時辰，由午時開始到亥時為止，男女俱吉。

雖然今天由子時至辰時是一般而已，但卻見不到凶象。也許今天要注意的並非吉凶的問題，而是月在退氣時帶來的情緒——不易對外間的事感到有勁力可言。

女的於申時可以「新枝發舊花」（二四二四），情感、工作都有此可能。

辰時也有可能「鶯花三月景，天氣又重新」（二八二〇）。

試看亥時男命的人，桃花在命宮，玉貴拱照，豈可忽視？！

今天是星期日，何不好好的看看自己的情感世界！命宮的對宮有陽刃，但酉宮宮主金星早已去到戌宮——不列入亥時的拱照，直照星象之中，何凶之有？！

日月同在水平線下，日月兩團圓，天地應難曉了！如果我還年輕，我絕對不錯過今天的亥時——兵家必爭之地。即使而今已是二十一世紀，這個亥時不談情感也可以用來傾談生意，或一些與男女情感不相關的事。若果談得不夠，甚至可以延續到凌晨子時：「雲霞文發散，舞動錦飛鸞」（此乃明天凌晨子時「三三〇五」的詩偈）。

為甚麼我作如是觀呢？

今天是庚寅年的卯月（由三月六日至四月五日），亥時是在「注受」之地，上天將福蔭注入這時辰之地——卯宮。

三月十五日用事吉凶（正月三十日甲子）

今天日間未時中段是合朔的時分，正好日月都在亥宮的25°～26°。這時，水星也與日月會合在室火度上，而金星則半月前入戌宮去了！卯時的「二四〇八」詩偈有云：

男：水銀鏄鑄鼎，日月煮黃梁。

女：鸚鵡尚聲嬌，佳人空自老。

這難道不是星象所示嗎——金星孤零零的在戌宮，而日月和水星互躔於亥宮的室火度上？

古羅馬有一個神話，索爾（Sol）和娜拿（Luna）結為夫婦，後來因鬥嘴而分離。索爾和娜拿到底還是深愛着對方；黃昏之時他將緋紅的血灑向天際，但是娜拿卻要在夜間伴着失恬的星兒，她的面色很難看，充滿憂鬱的哀痛。為了保持他剛愎的樣子，索爾不肯向人間露出他對愛妻懷念之情。他就在西沉之後待娜拿回來——在朔夜。看見嗎？他們兩人在水平線下，依依難捨了！

其實，在今天未時的時分，他們兩人是在地平線上的，祇不過索爾用光輝蓋着娜拿！他不要我們看得到她罷了！未時的「二八一二」不是這樣描寫他夫婦二人嗎？詩偈是：

男：強瀾既四倒，地道有常經。
女：姻緣同比翼，風送上天去。

希臘神話中的莎蓮妮（Selene）是娜拿的前身，而赫利奧斯（Helios）則化身為索爾──月和日為夫婦。

今天沒有甚麼不吉祥的時辰，男女同論。《通書》上如有甚麼時辰被列為「凶」的祇是撰寫的人之無知，甚至是妖言惑眾的說話。

德國浪漫詩人海涅曾將這神話譜入詩歌中，是寫於1825～1826的《北海》〈落日〉一章，其中有這幾句：

「惡毒的口舌　就這樣給永恒的神本身
帶來了痛苦和毀滅。

可憐的神們　淒慘萬分……
只是拖曳着　他們那悲慘的光輝。」

今天的索爾和娜拿怎樣呢？
答案是：「不要夫妻吵架！」

三月十六日用事吉凶（二月初一乙丑）

午時之際月到白羊，出現了日月夾着水星，稍遠則見金星引日而行。這是卯時的「漏水自天漿，八方皆可去」；金水月為有情之星，天有情，地亦有情。星命既談天覆地載，《易經》也說「天地絪緼，萬物化醇。男女媾精，萬物化生」。雖然未到春分（還欠五天），但太陽所在室火已通戌宮，午時開始是「日月合璧」的正格——「鴛鴦璧合，鸞鳳和鳴」。

午時開始後日月水金就與戌宮的星宿相關。這個正格的「日月合璧」比以前所寫到的「日月拱照」的星象還要好。如果擇吉，午時未時兩個時辰是程度上吉祥不能達到那樣美好罷了！現抄下午（二六一二）、未（二七一三）兩時辰的詩偈：

午時：男：強瀾既四倒，地道有常經。

女：姻緣同比翼，風送上天去。

未時：男：掌火焚山澤，連天草木除。

女：白鬢喜相逢，齊眉並舉案。

我從未想到時辰用吉凶二分法。孟子說：「順天者存，逆天者亡。」（見《孟子．離婁上》）；政權之得失，必須順天應人。《說苑》也有言：「齊桓公問管仲王者何所貴，對曰：『貴天』，桓公仰觀天，管仲曰：『所謂天者非謂蒼蒼莽莽之天也；君，人者以百姓為天。』」《文子．精誠》云：「政失於春，歲星盈縮，政失於夏，熒惑逆行，政失於秋，太白出入無常，政失於冬，辰星不効其鄉。」身為統治者如是，庶民亦不可逆天而行。吉凶無門，惟人自招！午未兩時如此美妙，誰不想做個順天以存的人？！

我在這兒寫的是二〇一〇年，下一年的事於今不可印證。不過，但願這書到時可以帶給讀到這本書的人一些好的時光。

三月十七日用事吉凶（二月初二丙寅）

辰時水星正式進入白羊，對宮土星直沖水星，激起水星怒氣，故破室火，尅戌宮。這辰時的星象正好是「二三一一」詩偈說的無異：

男：當道雪中草，青蛇用蔽身。

女：手中持利器，消息長無苦。

男的要小心為女所傷，避之則吉，過了辰時便無礙矣！

午未兩時辰男女都好，到申時「二七一五」更妙，男的「假山」也可以「生柳柱」，連女的「種出無方藥，方知造化神」。

為甚麼申時這樣好？命坐空亡，火空則明，有情之星金水月拱照於金羣之地也！

三月十八日用事吉凶（二月初三丁卯）

今天星象無昨天之別有二，其一是水星已不在土星直沖的地方，其二則是今天戌時月亮過宮，是空亡旅程。所以，不好的星象不是昨天的辰時，而是今天的戌時；男為王事操心，但女命則見十個大圈，是「金鎖銀匙」的所說「凶」。如能安常，不逞強的話，常可轉凶為吉，詩偈「二六一八」、「二八一八」說：

男：身自攜筐去，憂勤等采薇。掌上握風雲，前生已先定。

女：〇〇〇〇〇，〇〇〇〇〇。蘭房花正開，門帳入如玉。

若果問及男女俱吉的，今天的未時是相當好的「二五一五」、「二九一五」：

男：騎牛逐麋鹿，前程路不迷。舉目仰天人，用除三伏暑。

女：木非凡木比，可用作門楣。紅蓮初出水，春草怕飛霜。

三月十九日用事吉凶（二月初四戊辰）

上午日月夾住戌宮及水星，水帶驛馬和祿動；工作上有利，亦宜出差，但對於女命，則要避開酉時。這酉時就是昨天抄下用於戌時的詩偈。為甚麼要避開酉時呢？原因是這時的太陽西沉，孤月獨明於陽刃之地，無星相伴是星象，有人在旁則相悖矣！今天是星期五，若果放工後想出外消磨時間，明夜更為適宜，何不耐心等待一下呢？！

至於男命而言，今天是好日子，唯於午時不宜見獵起心，因為「二三一五」：「多少魚蝦出，波流天日紅」，總好過「三一一五」：「趙人兼晉璧，歡時起利心」，變成「貪」字見個「貧」，到時自食其果了！

三月二十日用事吉凶（二月初五己巳）

今天是星期六，晚飯後在酉戌兩時辰的女命為好的時分，勝於昨夜的酉時多矣！此時日已入白羊宮，金水引日，而月又在酉宮，日月貼宮夾金水，夾住了有情之星，又得情星火羅旺於南離之地拱照，豈不美哉？！

這是不是蘇東坡說的「柔情似水，佳景如夢」呢？！對於年青人來說，今夜確實如此了！老年人又怎樣？屠格列夫的《春潮》卷首引了一首俄國的古代情歌：

「歡樂的歲月，幸福的時日，
如滾滾春水，飛馳地流逝！」

「每到春來，惆悵還依舊」！

「此恨不關風與月」乎？！

難怪申時「二二一四」說：「水影照天文」（男）和「採蓮曲未盡」（女）。

酉時的「二五一九」：「要祝花宜壽」——「但願人長久」。

整天的高潮於戌時的「二六六〇」：

男：碧落出烏輪，眾星拱北斗。

女：難許自由身，是心難飛走。

今夜的星象很不容易才會出現，到了下月一日金星便入金牛宮，到時日月夾住兩星不會在文章璧府上面了——夾的距離太遠而無力！要知道的是，金水不離太陽三宮——金星不離太陽48°，水星則為28°；此祇出現於東大距和西大距。所以，我認為今夜的日月夾金水是不會年年有的。

三月二十一日用事吉凶（二月初六庚午）

今天是春分，太陽直射白羊宮零度。

早上卯時終月球也由酉入申，還離金水二星疾馳而去了。過宮的日月本來是不穩定的事；昨夜日早就在雙魚和白羊兩歧之地，但由於日月夾金水，此不穩定並非身不安穩，而是情感自身的內在本質使之。

昨夜既有那樣好的良辰美景，今天凌晨自然不無延續的情愫，所以子時的「二七一一」說男的「木牛出祈山」，「二八一二」則說女「姻緣同比翼」和「二六一二」。不過，世間又怎會有「不易」的事呢？！盛而衰，衰而盛，萬事有循環，是自然的律法，因此隨着太陽在兩歧之地卯時來臨，警誡信號來了，見「二四一四」和「三〇一四」：

男：「瓦冷霜華重，飛灰葭管中」。「鵲巢高樹上，風雨絕塵埃」。

女：「豈料狂風惡，花開落嫩紅」。「冷淡是生涯，何須花簇簇」。

二零一零年庚寅（4 Feb, 2010 – 4 Feb, 2011）

二零一零年三月二十一日卯時

天祿	天暗	天福	天耗	天廕	天嗣貴	天刑	天印	天囚	天權	科名	科甲星耆	文星	魁星	官星	印星	催官	祿神	喜神	爵星	天馬	地驛	祿元	馬元	仁元	壽元	血支	血忌	產星	生官	傷官
月	炁	計	羅	火	孛	木	金	土	月	金		水	水	金	金	孛	金	金	木	水	金	水	水	金	木	土	土	木	孛	羅

己卯	庚午	己卯	庚寅

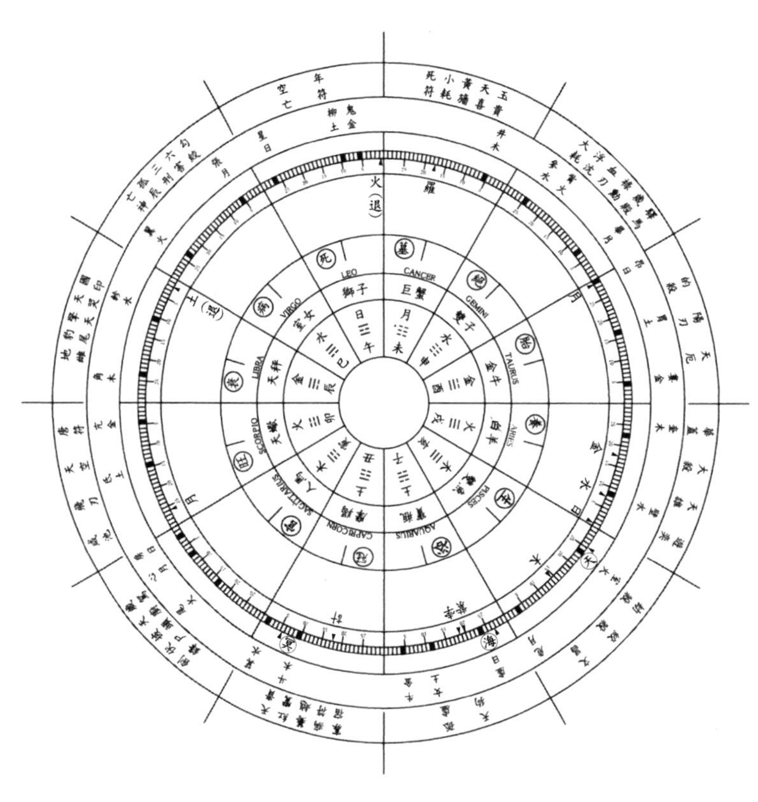

是日春分。

今天未酉戌三時辰「凶」，辰巳午申平平而已；男女同論。

不過，春分這一天於中西星命學來說是香港「時運」、「世運」，正如冬至一陽初生是「天運」，立春建寅乃「人運」。如是，上述男女的詩偈所管籲的事會受時運、世運影響。看來「風雨絕塵埃」和「冷淡是生涯」是「順天者存」，而「瓦冷霜華重」及「豈料狂風惡」是逆天而行的結果。

今天星期日宜放緩步伐，舒展一下，不要尋求刺激。

三月二十二日用事吉凶（二月初七辛未）

月球離金水太遠，日月夾之無力，剩下的是金水引日——此乃向陽之象，花紅當春。金水相生，水星近日；星象說明與水相關的申巳最吉，那就是巳時和申時命宮所在。其他時辰一般而已，男女都無凶時，故於此祇談最吉的：

巳時：男命「江漾南山影，雁從雲外飛」說自由自在，也許有雲外音訊傳來好消息。女的「姚黃並魏紫，相遇五更風」祇言富貴花唯恐被吹襲，但由於星象並無此象，所以不應取「二三一七」而用「三三一七」的「菱花空谷響，桂子落重川」——有「收成」之意。

申時：男命說「惟斯屬木人，水清在陰地」是有利於年命為木者。女的「雪裏出梅花，猶待春風至」是好戲在後頭，天時到了，自然地利人和——春風不一定指男女之情。

三月二十三日用事吉凶（二月初八壬申）

中午後月到巨蟹中度，入夜則火月同宵，得木拱照乃花月爭輝，風流瀟灑，精神光彩。若非火空則明，木在亥為文章秘府，則此象不成。

今天男女都無凶時，昨天申時的好象於今天是未時——日間最好的時辰。巳午兩時亦吉，但卻傾向工作方面而言。

不過，黃昏時分酉時漫步星光大道或海濱可以應時：

男：紅波推畫舫，綠棹逐蛇龍。

女：江上月清明，金鞭何處去。

在西洋星學的角度來看，這時分可以吸取星空的靈氣；看着日落後火月同宵的星象會有益無損——今年的月是天祿星和天權星，夜火是天蔭星。

三月二十四日用事吉凶（二月初九癸酉）

明天下午開始是日月拱照的大好吉日，因此，如有甚麼大事開始要做，倒不如到時擇個吉時為好。今天午時男命凶——「二四二〇」說「仗劍斷鰲足」。而女命凶時則為「二六一八」的辰時十個大圈——星盤命宮見陽刃的殺。

猶如昨天的火月同宵，今夜酉時看日落後可以峻賞夜色。亥時最吉。「二三二五」說男的「蓮花隨步起，風雨過池塘」，至於女的，昨夜「江上月清明，金鞭何處去」是否為今夜的「芳草碧連天，塵襟臨弦索」的伏筆呢？！沒關係，反正就快是日月合璧的日子了！

三月二十五日用事吉凶（二月初十日甲戌）

詩偈中有金玉、龍麟、桂蘭、星斗之類為「吉」，而刀箭、雪霜、旱雲、爭鬥、空缺（以圓圈為代表）為「凶」——這是《河洛理數》卷六〈參評秘訣辨〉①。

在過去「戌」日實例之中，女命於「戌」比其他地支的日子最為吉凶分明。今天也不例外，卯時午時女命見代表「凶」字的圓圈。前者是詩偈「二六一八」，後者為「二五二一」。今天星象所示為：

卯時：金星躔奎木度，破之；金為男命情星，但卻在火地，對宮退行之土無力生金，尅泄交加，凶象。

午時：月由巨蟹入獅子宮，此乃過境之空亡旅途；猶如卯時之金星，月也是有情之星，故女命凶。

① 《河洛理數（虛白盧藏明刻本）》下冊，心一堂，頁二五三至二八五。

巳未兩時辰男女俱吉祥，地支為「戌」的日子是吉凶最分明的（屬於木年份不可忽視戌日），可以上天堂，也可以下地獄。我個人認為巳未二者之中，巳似較未好一點：

巳時的「二六二〇」、「二八二〇」：

男：碧落出烏輪，眾星拱北斗。清淡梧桐樹，風搖金井間。

女：難許自由身，是心難飛走。鶯花三月景，天氣又重新。

未時的「二四二二」：

男：東海植扶桑，西海載弱水。

女：天外雁聲孤，喚醒佳人夢。

巳時男女的吉祥所帶戲劇情的成份較未時高。

三月二十六日用事吉凶（二月十一日乙亥）

昨天下午已開始日月拱照的日月合璧星象，是寅午戌三宮的互拱。

卯時以戌宮為命宮，坐金轝，金水引日，午宮有月，而且又見火空則明，對宮土退行，有國印，寅宮則見天廚歲駕。

未時以午宮為命宮，戌宮和寅宮吉，無奈子宮的孛星卻不利午宮——孛直射破午火，沖出年符（爭拗的神煞）。可見「二五二三」詩偈說的不會錯：「蛇鬬鄭門中，廣陵盟亦載」（男）；對於女命則不會不吉祥：「把鏡稱月影，朱顏渾未改」。

亥時是最吉的時辰，比卯時還好，由於日月兩邊拱照，火月同宵，金水引日，故「三三二七」云：

男：地形接霄漢，在下有星辰。

女：風煙欲暝天，日暮江南樹。

這兩個時辰中最好的還是亥時，卯時亦有瑕疵：

男：能開頃刻花，結果不能食。

女：要祝花宜春，須求菊蕊仙。

好事不能長存，要抓住重要的一刻。

無可置疑的，今次日月拱照和上次（三月上旬）比較之下是遜色得多了——祇有亥時這時辰最吉祥。至於明天的，亦一樣不似這月上旬的——這次祇有今天是完整的。

三月二十七日用事吉凶（二月十二日丙子）

今天在未時二刻（取一時辰分八刻）的時候，月由獅子宮入室女宮；可以這樣說，過後的日月拱照星象便不見了。但無論如何，未時正因月的空亡旅程而今到男命「二八一二」的「強瀾既四倒」，是否一倒不起則要看其木命了！而女的「風送天上去」到底是甚麼一回事亦不例外。如是，未時是半吉半凶。

卯時還是男女吉祥的首選，雖然女命詩「二四〇八」云：「鸚鵡尚聲嬌，佳人空自老。」這不及男的「水銀鑄鑄鼎，日月煮黃粱。」

為何我以之為首選呢？！

似乎一般人多不相信「天長地久」而志在「曾經擁有」而已！是真心的話還是為己解嘲呢？這衹有女命主方知道了！

其實，若非未時有空亡旅程，今天日間那有一個時辰不利男，亦不利女毛？！

三月二十八日用事吉凶（二月十三日丁丑）

祇要星象無不妥的話，丑日可以說是吉祥的一天；十二個時辰都見不到「凶」的詩句。無可置疑的，午時是男女的首選，女的「自有桃源路」，男的要「簇上作繭」，趁在立夏未到，春天仍然得時，有恒心和耐性自會水到渠成的。男的不可放過今天的午時，細看日支時辰和金鎖銀匙之數，各詩偈無一不吉祥，男女同論。

三月二十九日用事吉凶（二月十四日戊寅）

今天酉戌兩時辰的月剛好在室女末度和天秤初度，其間為空亡旅程，女命先後為「二六一六」的「流鶯語燕嬌，日暮花飛雨」，以及「二五一七」的「玉雲荷盤裏，瓊珠碎碎圓」；傷得快，癒亦快。

如果亥時的「三〇一八」可以承接下去便會「雞樓生鳳子，回首隔塵埃」。月在辰宮，土犯月尤佳。

男命和女命的辰時不算好，但卻不足構成凶象，避開這個時辰則日之將盡便是「地軸天輪轉，壺中日月長」。裏面自有天地了（「二四一八」）！

早點睡覺，尋一個甜蜜的夢！

三月三十日用事吉凶（二月十五日己卯）

清晨醒來，日出之時正好月在西沉；月在望夜圓而美，但與日卻在對望的位置，不能同聚一地。在情感而言，男女各自精采，自賞多於傾慕，所以卯時天象說男的「朔風從北起，冰鑒照青天」，女則「芝蘭出蓬蒿，莫染花間塵」（詩偈「三三一一」）。今天不宜與異性糾纏在一起，自己做好份內事便好了。尤其要注意的是，如果妳有芝蘭的清香，就要在今天找出頭的時分，芸芸眾生隨波俗流，妳需突圍而出。

未時是女命的最好時辰：「木非凡木比，可用作門楣」（詩偈「二五一五」）——年命為木的不可錯過這時辰。若不是年命屬木的，則不是不成，而是需要格外小心「二五一九」——「紅蓮初出水，春草怕飛霜」。

男命最吉祥的時辰也是未時，整天無凶象可言。至於女的，雖然夜間天秤宮中不明孤月獨明，但土星退行，不是伴月，而是朝另一方面離去。夜間女命不宜與異性一起，其人與妳貌合神離——尤其是在日落之後，戌時的「二六一八」給妳十個大圈的凶象。今夜和明夜都不利女命，若求好轉，明夜才成。

三月三十一日用事吉凶（二月十六日庚辰）

今天利男的多，利女的少。雙方俱利者卯辰巳三個時辰而已，巳時之後女的走下陂，男的雖然不俗，但始終不及與女命俱吉的卯辰巳。

細觀天象，日有金水相伴，祇怕好景不常，兩天後金水便入酉宮，孤君無輔是太陽獨處戌宮。到時男的需要併命追上去才成；「彩袖殷勤捧玉鍾」，恐怕要明年才可復見了！

茲分別抄下卯時「二二一二」、辰時「三三一三」、巳時「二二一四」男和女的詩偈於下：

卯時：男：分慶誕辰中，花下人相顧。

女：水邊多綠草，翠竹喜相逢。

辰時：男：景星移北隆，熒惑出南宮。

女：雲雨歸何處，巫山十二峯。

巳時：男：牡丹花影中，靈清海棠濕。

女：月之長大照，片雲天外遮。

星盤上火星正開始在午宮，辰時詩偈完全符合天象！

卯時的月亮在辰宮，到申時出天秤入天蠍、正如「金鎖銀匙」的「二九一七」所言：「月兔夜光圓，向晚金烏出」。這是日月對望的時分，到了酉時女的是「二六一八」十個大圈的凶時。這時辰之後是正式「玉兔東升」於卯宮，星盤上亦見夜火懸空，好一幅火月同宵的景象！昨天曾述及女命要「芝蘭出蓬蒿」的脫胎換骨，此刻戌時應該是完成的階段。女命不妨看看心靈上會否湧現第六感覺，親歷精神上進入新的境地。

西元二〇一〇年四月（April）

四月一日用事吉凶（二月十七日辛巳）

今天是愚人節。如果因為被人愚弄，被愚弄者並非真正愚人，真正愚人是在今天眼巴巴望着水星這顆情感之星離去而不試圖挽救的人。明天日出之後的太陽會孤君無輔，要到今月二十日才去到金牛宮追隨金水情星。幸好過幾天是清明，如果換作是立夏的話，在火星拱日下的男人遂被「烈火摧枯，一陷千丈」了！

今天卯時日出對男人作出警告「二三一三」：

「為事業而想鯉躍的龍門，實在風高浪急，不要為了工作而冷落妻子，她會十年不孕、不生。」

男命和女命未時不俗，申時全吉——男的「壺中別有天」，女則「採蓮曲未終」。

戌時男命「碧落出烏輪，眾星拱北斗」，女命「難許自由身，是心難飛走」。

四月二日用事吉凶（二月十八日壬午）

日出後水星走了，太陽在戌宮顧影自憐，孤君無輔！難怪「天垂象，見吉凶」了，午日卯時的「金鎖銀匙」寫得十分逼真：

男：瓦冷霜華重，飛灰葭管中。

女：豈料狂風惡，花開落嫩紅。

這兩句是對昨天做了愚人的男人而發的。

至於不作愚人的則不用「二四一四」，而是「三〇一四」的「鵲巢高樹上，風雨絕塵埃」和「冷淡是生涯，何須花簇簇」來分別描述男女命。

申時最吉，「木筆寫青天」為男，「杏花須自紅」為女。

酉時男凶：「仗劍斷鰲足」。

戌時女命十個大圈。

午時男女均不俗。

今天大抵利女不利男；日間孤君無輔，夜間玉兔東升；戌有金轝，卯有桃花。昨天的愚人不能承受此種星象。

四月三日用事吉凶（二月十九日癸未）

又是天地有情的日月拱照，今明兩天受益最大。

上月底的日月拱照不夠完美的於此可得到補償了。至於星象方面，今次更佳。月在艮山（寅宮），謂其無成不可也！日月拱照火空則明，是寅午戌三合的天象！

猶記以前說過，今天不妨再強調：「一切最吉的時辰是日月拱照的卯未亥三個時辰，一切最有意義的事須這樣擇取，務求美好的可以落實。」如果要找出比較遜色的則是辰時，若得天貴之助則羊刃便難逞凶了！

卯時可助迷途羔羊走出迷宮，此指男人而言，女的則得其所用，木命者為得用之大才「二五一五》。

未時的「三三一九」於陷於谷底的男人走出生天，衰極必盛也，女則與金井梧桐無異；梧桐相待老，愛情堅貞。

說到亥時，星象是月在艮山的寅宮，「二五二三」男的「蛇鬬鄭門中」，蛇妖敗亡，自己重見天日，而女命則朱顏未改，與風華正茂之時無異。

其實，今天自凌晨開始的子丑寅三時辰都吉，子時的月亮經空亡旅程入寅宮，穩定後男的宜進取，女則坐享其成：詩偈是「二八一二」的「姻緣同比翼，風送天上去」，「二七一三」的「白髮喜相逢，齊眉並舉案」和「二八一四」的「一聲秋夜雷，明月落誰家」。

四月四日用事吉凶（二月二十日甲申）

今天仍然是日月拱照，如果不是此象，由於昨天今天的水星已在酉宮，孤君無輔的男人那裏有救？！

還未見到日出！寅時就先來報訊：「假山生柳桂」和「種出無方藥」指命宮中木在亥，長生之地也！《果老星宗》說：「亥有木星，主圖書，乃文章秘府之星。」[1]好了！

卯時到來之時正是「金鎖銀匙」的「二六一六」說「斗秤皆均物，權衡有萬殊」——時斗杓指向申宮，白羊宮中的太陽重遇天秤上退行的土星，這時太陽在壁水，接近15°。日為君，月為臣，君慶臣會於日月拱合的一天！

亥卯未這三個今天最佳時辰的「金鎖銀匙」怎樣說：

亥時「二四二四」：男：波中生日月，鏡底見乾坤。

女：螺贏負螟蛉，新枝發舊花。

① 《張果老星宗大全（虛白盧藏明刻本）》上冊，心一堂，頁二二〇。

未時「二二二〇」：男：惟斯屬木人，鏡底見乾坤。
女：雪裏出梅花，猶待春風至。
卯時「二八一六」：男：冰霜得令節，以候辨陰陽。
女：芳草正連天，那看黃梅雨。
「二六一六」：男：斗秤皆均物，權衡有萬殊。
女「流鶯語燕嬌，日暮飛飛雨。

今天是甲申日，今年是庚寅，如果以傳統通書來說，今天正是天沖地沖（甲庚沖、寅申沖），歲破，豈無凶時——尤其寅申兩時辰則非「凶」不成了！

我已述及寅時，今補上申時「三三二一」：
男：井上有綠李，鹽梅氣味同。
女：花開向春晚，花謝果還稀。

星盤上妻宮為有木的亥，有文昌直照，拱照的則為天貴；稍為不算好的是陽刃宮，但無星落實其凶，那就是「虛」凶，不足為要也！

無怪乎李光地會這樣說：「術數之徒乃甚言其吉凶以駭眾而震俗」！我要說的卻是：「今年的《通書》作者中，凡說今天寅申為凶者皆不學無術之徒！其實，星象無凶時，即使「金鎖銀匙」亦然，現特地抄下其他時辰之男女詩偈以作佐證：

辰時「二九一七」：男：江上一犁雨，芳菲起淡烟。

女：月兔夜光圓，向晚金烏出。

「二五一七」：男：金魚溝內躍，風動紙鳶飛。

女：玉堂荷盤里，瓊珠碎碎圓。

巳時「二四一八」：男：地軸天輪轉，壺中日月長。

女：採蓮曲未終，扁舟空蕩漾。

「三〇一八」：男：溪漾浮萍草，流芳自吐奇。

午時「二三一九」：男：木筆寫青天，硯內龍蛇動。

女：鷄棲生鳳子，回首隔塵埃。

女：杏花須自紅，葑菲定不美。

酉時「二二二二」：男：紅波推畫舫，綠棹逐蛇龍。

女：江上月清明，金鞭何處去。

戌時「二三二三」：男：三月無根柳，空中舞柳花。

女：梨花滿院香，莫收春帶雨。

我未抄的子時衹有「劍」字或可被視為「凶」，其實這未必對，「二五一三」的化青蛇未必一定是事實：

男：花渠暗水流，出沒有難識。

女：風蒲美轉定，能化青蛇劍。

至於「二九一三」則是：

男：秋月照寒冰，飛雁落沙汀。

女：風吹香夢醒，天瞑子規啼。

今天十二個時辰於此一目了然；如果江湖術士的《通書》說及凶時，他就說多錯多了！座中自有江南客，莫向山中唱鷓鴣。

四月五日用事吉凶（二月二十一日乙酉）

今天是清明節！節氣時刻皆以地之經度而定，在香港來說，上午六時二十分之後已入節氣了！禁火寒食，上墳掃墓，踏青春游的習俗到今不變。

卯時「二七一七」指出：

男：柳線繫春光，暮天色已定。

女：傳言桃李春，為惜桑樹是。

對男對女是應時的話，因為隨着日月合拱剛好過去，今天為先人奉上靈粢，我們會否聯想到人生有酒須當醉，一滴何曾到九泉？！

月也在摩羯宮了，是否「身後是非誰管得」？

時代不同了，以前采薇是征夫為王事而到邊境守衛，妻在家守候，載傷載哀。今天丈夫去掃墓，妻子莫阻撓，阻撓則凶矣！

辰時的「二六一八」詩偈應作這樣看。順夫之意非真凶也！何不趁清明時節而作春遊呢？！

人生如朝露，巳時給你們一點靈感吧！

未時到來男的不妨思索自己是否「尋釣夢春澤，投身北海間」，而女的則知道「暮去更朝來，春花幾芳馥」是甚麼一回事？

今天掃墓後要靜思一番，沒有甚麼吉凶可言，靈感湧至方是最大的收獲。所以，亥時得文章秘府的拱照乃今天的總結：「蓮花隨步起，風雨過池塘」。

四月六日用事吉凶（二月二十二日丙戌）

昨日、今日、明日都是身在摩羯，最好是對異見包容，男女同論，包括對家人和同僚。沒有人可以幫你做到，因為孤君無輔。昨天辰時的「二六一八」於今天是日出於卯的主題。女的尤其要提防爭拗和是非的出現。不然，則卯時和午時可能變成戰場，為的是無謂的瑣事「二五二一」：

男：把扇作飛簾，糞塵成席卷。
女：〇〇〇〇〇，〇〇〇〇〇。

最好的時辰不是沒有，但必先要置身是非之外才會見到巳時「二六二〇」、「二八二〇」的吉象：

男：碧落出烏輪，眾星拱北斗。
女：鶯花三月景，天氣又重新。

四月七日用事吉凶（二月二十三日丁亥）

月退氣，女的情緒易陷低潮而難以自制；男的愛莫能助，孤君無輔，幸好在壁水度上，仍可保持澹然清澈之觀感底動力。

今天的未時月在兩歧，男女都不穩定；前面紫孛向月招手，尤怕紫怒於子，「2523」「蛇鬪鄭門中」的「散」象驗於家屋，女之「未改」不是指其貌而是木性！如是，未時則為雙方最「壞」的時辰！

整個下午和黃昏的「金鎖銀匙」詩偈男命在動態：午時提及「變動」，酉時「隨步起」，戌時「風雲起」。而女的則為情感上的反覆：午時「娥眉月圓缺」，申時「新枝發舊花」，酉時「塵襟臨弦索」，戌時「飛花落燕泥」！

最好時辰是辰時，男的見「眾星拱北斗」，女為「天氣又重新」（「二八二〇」、二六二〇」兩詩偈）。最好和最壞兩時辰之外怎樣則祇有當事者才知了！

四月八日用事吉凶（二月二十四日戊子）

今天早上土星已退行到室女宮末度，前後在27°~30°的範圍內活動，或前行、或退行，要到7月下旬才離去。此乃土木對沖的星象——木在亥、土在巳。

除了月每月經小周天一匝外，羅計橫截漏出天蔭火星和天囚土星，祇要金水和日未越過羅睺，下個月下旬之前天囚和天蔭可以說是夜間的天象特色！火星女人情星，情星生天囚土，為情所困也！當土星未退入室女宮前，土對生亥宮之金，金為男人情星，男人遂為愛情之囚人了！

火星是尅金星的，金一旦與火有關係，拱合、對沖以至會合，英雄難過美人關！很多人說「男追女，隔重山；女追男，隔層紗」，何解？金不能敵火也！更何況，金需要火煉才成，所以每個成功男人後面必有一個女人是自然律。

話說回來，木土對沖必有刑傷；土為災至緩，木之對尅急而速。應期唯有命主原星盤可考，不屬流日星盤範圍的事。有傷必重，那祇有事王才知了！

今天月在寶瓶，紫孛貼身相迎是主象，其他星位與昨天分別不大。日出的卯時「二四〇八」說男命「日月煮黃粱」，在發夢，人生大夢也（邯鄲夢）！而女的則如嬌聲鸚鵡空自老。

巳午兩時辰的男命宜出外傾談生意，「木牛出祁山」說會有小成。

未時若有不妥，可向異性求助。

至於女命則今天由於月近孛，情感滿溢；留意未時向妳求助的異性是誰，他可能是妳的Mr. Right。

四月九日用事吉凶（二月二十五日己丑）

以前說過，丑日對於男命和女命來說是吉祥的一天；今天的星象中申時命宮土被木沖，這需要看清楚一下才成。此象名為「土埋雙女」，如果今天有暴雨警告，尤忌土崩樹塌，可以有「二六一四」說的「擊破生鐵柱」，或「二八一四」之「一聲秋夜雷」的推毀力。年命屬土和水，木更宜小心。

如果不是由於這星象的凶象，今天屬於申時的「二八一四」和「二六一四」詩偈本身不可用「不祥」兩字論之。

至於吉祥的則非午未兩時辰莫屬了！午時「二六一二」的「宛轉吐絲綸」隱言宰相職掌絲綸，內居黃閣，今居高職的男仕不可錯過午時，女的「神仙不用求，自有桃源路」亦然。午時俱利男女，未時次之。

其他時辰，包括淩晨的子丑寅，日落起酉時至戌亥沒有不是吉時的。

四月十日用事吉凶（二月二十六日庚寅）

辰時月過宮入亥，天門上是日月夾木；但由於過境屬空亡旅程，難怪「二三一一」說出凶象：

男：當道雪中草，青蛇用蔽身。
女：利器手中持，消息長無苦。

辰時利女不利男，故男命者小心於此時辰中遇到的異性中有惡婦！
每天申時於昨天起至這月十九日是內藏凶象的——即使「金鎖銀匙」詩偈述及吉祥之語，它依然是吉中藏凶的時辰。
今天最吉祥的是戌時，卯宮坐桃花，火月三方拱照；雖然月在退氣，不過可借火光，「金鎖銀匙」詩偈是「二九一七」：

男：江上一犁雨，芳菲起淡烟。
女：月兔夜光圓，向晚金烏出。

如此佳景不可錯過，因為亥時更見「二四一八」的：

男：地軸天輪轉，壺中日月長。

女：采蓮曲未終，扁舟空蕩漾。

《詩經》說「窈窕淑女，君子好逑」，今天詩偈並不意含終局是否「琴瑟友之」或「鍾鼓樂之」①。後事如何，且待事王分解了！

《詩經·周南·關雎》：「關關雎鳩，在河之洲。窈窕淑女，君子好逑。參差荇菜，左右流之。窈窕淑女，寤寐求之。求之不得，寤寐思服。悠哉悠哉，輾轉反側。參差荇菜，左右采之。窈窕淑女，琴瑟友之。參差荇菜，左右芼之。窈窕淑女，鐘鼓樂之。」

① 《詩經·周南·關雎》：「關關雎鳩，在河之洲。窈窕淑女，君子好逑。參差荇菜，左右流之。窈窕淑女，寤寐求之。求之不得，寤寐思服。悠哉悠哉，輾轉反側。參差荇菜，左右采之。窈窕淑女，琴瑟友之。參差荇菜，左右芼之。窈窕淑女，鐘鼓樂之。」

四月十一日用事吉凶（二月二十七日辛卯）

還未到天亮時，木星便露出於東方海平面，卯時則見太陽，三十度內無星相伴。如果雲層不湧現便是「朔風從北起，冰鑒照奇天」的景象，其實也似是「芝蘭出蓬蒿」吧，稍遲，金水也冒出水面，太陽被金水和木月上下環抱着。這辰時彷如「二三一二」說的無異：

男：分慶誕辰中，花下人相顧。

女：水邊多綠草，翠竹喜相逢。

日月中間夾着木星。我在三月十五日時談及索爾和娜拿的神話，前者是太陽神，後者為白色女神。看來他倆明夜在白羊宮中作每月一度相逢時，第三者不會夾在其中的。

今夜戌時，月亮仍在亥宮與木星一起，而太陽在戌宮也許等得不耐煩，真的想找個藉口離去：「采薇」！假若他真正走了，到白色女神明夜回到相逢之地便人去樓空了！

今夜戌時危機重重；男的想走，女的則小心在危月度上遇到的不是木星，而是墳墓四星。上次未說完的神話於此再加上這般小插曲以補不足。

今天最好的時辰是未時的「二五一五」：

男：騎牛逐麋鹿，前程路不迷。

女：木非凡木比，可用作門楣。

四月十二日用事吉凶（二月二十八日壬辰）

今天是「日月合璧」的正格，出現於亥時，時月剛入戌宮初度，日在壁水末度。今年祇有三天，到15日凌晨後便完結，時月出戌入酉。入宮是月的空亡旅程，末度也是不穩之地，會否是「凶」象呢？！

一點也不凶！

亥時的「二八二〇」和「二六二〇」分別說出男女之象：

男：「清淡梧桐樹，風搖金井間；碧落出烏輪，眾星拱北斗。

女：「鶯花三月景，天氣又重新；難許自由身，是心難飛走。

索爾即使想走也不成，娜拿怎會放過他，其實，日間無一個時辰不利男，女的亦然（除了戌時）；今天最重要的不是那些時辰而是亥時。

如果要擇吉，不是「最好」的就不要，次吉（second best）要來何用？！

四月十三日用事吉凶（二月二十九日癸巳）

今天這個吉日又如何？在「金鎖銀匙」而言，昨夜的詩偈見於戌時而非亥時。亥時的「二七二一」：

男：雷是震天鼓，青天無片雲。

女：金盃休覆水，琴瑟再調弦。

索爾與娜拿分別一個月再次復合，老天當然勸她可一不可再，索爾也許覺得上次娜拿不對，雷鳴不已！然而，有雷無雲又怎會下雨呢！娜拿又怎會不知月有陰晴圓缺？！

今天沒有一個時辰是凶的。

日落的酉時，以至戌亥都吉祥，男女同論。

二零一零年庚寅（4 Feb, 2010 – 4 Feb, 2011）

二零一零年四月十三日卯時

天祿	天暗	天福	天耗	天廕	天嗣貴	天刑	天印	天囚	天權	科名	科甲	文星	魁星	官星	印星	催官	祿神	喜神	爵星	天馬	地驛	祿元	馬元	仁元	壽元	血支	血忌	產星	生官	傷官
月	炁	計	羅	火	孛	木	金	土	月	金	[illegible]	水	水	金	金	孛	金	金	木	水	金	水	水	金	木	土	土	木	孛	羅

庚寅	庚辰	癸巳	乙卯

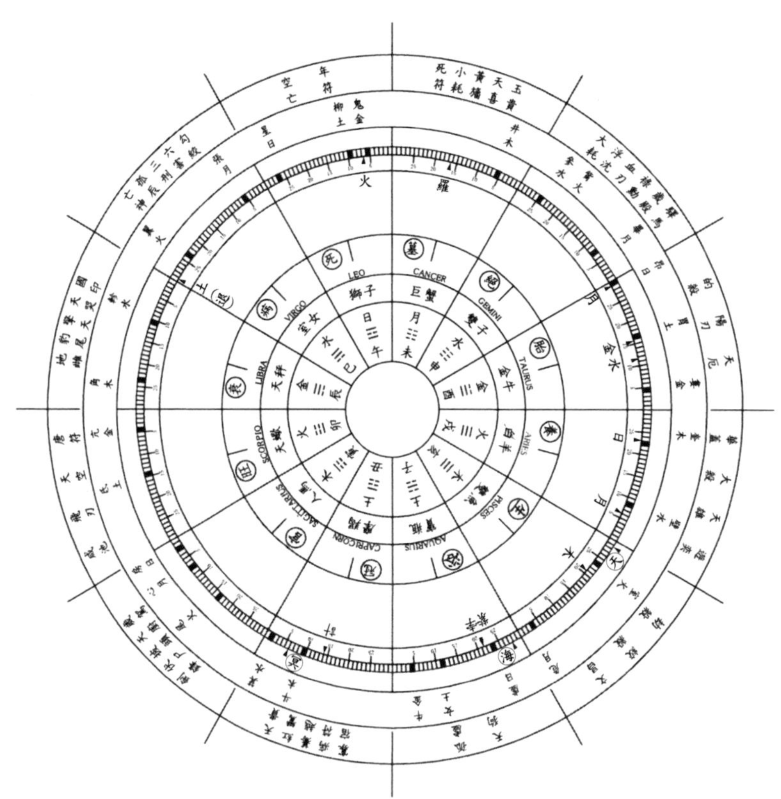

四月八日至五月五日，木土對沖。

四月十四日用事吉凶（三月初一甲午）

星曆上「朔」的一刻於香港計算所得是19:07，是戌時，「金鎖銀匙」的「二五二一」說：

男：把扇作飛簾，糞塵咸席卷。

女：○○○○○，○○○○○。

索爾和娜拿快要作別了，為何不「凶」呢?!

亥時的「二六二二」更清楚的說及索爾（男命）的「變動體無常」；「八荒惟我室」是自我解嘲吧了——當然，瀛寰的四方八面是太陽系移動之所。月無色，日月共在水平線下，天空衹見天囚土和天蔭火，正好是詩偈女命的「娥眉月圓缺，桂子漫傳香」。

「我離開你，為的是將來回到你的身畔」，這是泰戈爾的名句，也許娜拿更會這樣對索爾說：「不要哭泣，衹有這樣我們才可以將離愁變得美好。」

神話故事在這裏可以得到星象的印證，明早凌晨之後娜拿便要踏上旅途，帶着悲愴的心在空亡旅程中往金牛宮而去。到那時候，可憐的索爾獨處於白羊宮中，他還需渡過五個孤單的日子才成。他步伐緩慢，但他要追娜拿，他的金水情人在金牛宮待他到來，這是他未知道的事。不過，今早他和娜拿升到海平面之時他就知道今夜是離別前的一刻了︰

男︰瓦冷霜華重，飛灰葭管中。

女︰豈料狂風惡，花問落嫩紅。

索爾比唐明皇幸運，他衹需捱一個月「翡翠衾寒誰與共」便不會孤獨了。三十天後娜拿會再回來！

今天除上面幾個時辰之外還有未述及的，它們都算是吉時。在直照不如臨照，臨照不如拱照的星象下，今天不可以算是日月拱照而是日月會合的一天。

四月十五日用事吉凶（三月初二乙未）

昨夜於戌時合朔，月於今早子時和丑時之間出白羊而入金牛宮。娜拿的離去於索爾來說是「強瀾既四倒，地道有常經」，對娜拿而言則是「姻緣同比翼，風送上天去」——這是子時的「金鎖銀匙」詩偈——她知道索爾會待她再來，到時「白鬢喜相逢，齊眉並舉案」了。丑時的啟示確實如此，因為命宮在寶瓶，一火高明於南離之地：「掌火焚山澤，連天草木除」。看來索爾要抖擻一番去指揮雨暘，叱咤風雲了！這才是太陽之所以為太陽。

關於日神月神的神話，各個文化無不各有異同之處，非洲發現夏娃始祖的足跡是考古學的論據。如果由非洲神話來看，日月會合出現日蝕乃日神和月神交歡的一刻亦不無道理。據云他倆有七個子女。是否那就是水金地火木土天王、海王七個星體呢？！——幾年前天文學家將冥王星剔除了。

好了，今天時辰吉凶怎樣了？！除了木土對沖的申時可作吉中藏凶未看之外，以「金鎖銀匙」的角度觀之則祇有亥時男命「二五二三」屬「凶」：「蛇鬪鄭門中，廣陵盟亦載」，原因是「刀箭、雪霜、旱雲、爭鬥、空缺」為凶。

今次日月會合沒有日蝕之象，如果有的話，那是凶象嗎？空亡旅程是凶的嗎？今早子丑兩時辰是吉還是凶？西洋占星不喜歡用「災禍」（Disaster）一辭；我們說到的「災禍」，西洋以「麻煩」（Trouble）代之。

誰無麻煩？問題是多少吧！索爾和娜拿怎會無麻煩？！天神也是有血有肉的，跟我們又有甚麼分別呢？！

四月十六日用事吉凶（三月初三丙申）

今天是星期五，月到滄海，金水引從，而日則在後緊追。日落後月和金水便可以在西方海平面上顯得清楚了。獵戶戀慕的七姊妹昴星團也出現在夜空之中，金牛是二者一水之隔。千萬年以來獵戶與巨人互息干戈，無奈七姊妹對他來說是可望而不可得，這也是天神的苦惱。不過，索爾較他的運氣好，可以和妻子一個月聚會一次。

人間的事今天怎樣？

午時男女俱吉，「二三一九」說：

男：木筆寫青天，硯內龍蛇動。

女：杏花須自紅，葑菲定不美。

男命可以一展手身，女命不要作「大頭芥」，不要妄自菲薄，好好的一顯才華吧！

如是，未時則會更進一步「待春風至」！

申時是「花開向晚」。

女命除子時見到「青蛇劍」為凶象外，其他各時辰都不錯。

男的一天內無凶時。

至於已婚的男女，亥時該是甜蜜的一刻，「二四二四」：

男：波中生日月，鏡底見乾坤。

女：螺贏負螟蛉，新枝發舊花。

四月十七日用事吉凶（三月初四丁酉）

男命今天最凶是午時，時月出金牛入雙子宮，酉宮有羊刃，兩頭皆要忌，怕見血也！故午時「二四二〇」說：「仗劍斷鰲足，鴻飛荒野山」。劍乃兵器，凶象也！至於女命，這午時卻是好的：「枝頭春玉李，一朵綻先紅」。

與午時剛好相反的是辰時之男吉女凶；男的「掌上握風雲」，女的十個大圈。當然，不可忘記的是申時木土對沖之隱藏殺機。

亥時娥眉月開始西落，日火三方拱照，命坐歲駕天廚，這該是整日最好的時辰，「二三二五」說：

男：蓮花隨步起，風雨過池塘。

女：芳草碧連天，塵〇臨弦索。

女的要走，踏着蓮花微步，男的不可不追，即使冒着風雨也要，假若半途而廢則渡不過橫塘路，到了日送芳塵去後，恐怕會如賀鑄自歎着：「錦瑟華年誰與度」？

四月十八日用事吉凶（三月初五戊戌）

今天水星開始退行，孛星早就失躔於女土，加上南離火盛，於太陽不利。日出時「金鎖銀匙」詩偈隱言對女命不妙，女有十個大圈。到午時亦凶，蓋月在雙子中度，與土、天王成T型星象。

唯一對男女最有利是巳時和未時。今天男命勝於女命，辰時是表演身手的好時辰，不妨借此討異性的歡心。

四月十九日用事吉凶（三月初六己亥）

太陽於午時出戌入酉，今午和明早與巳宮土星成150°，暗藏水火之爭持。到了申酉之間的時辰，月又面對出雙子宮入巨蟹。由於太陽過宮會影響各時辰命宮的改變，今天未時命宮為室女——昨天仍是申時命宮——對宮木星直沖土星，故未時為最不吉利的時辰。更何況，其詩偈「二五二三」云：「蛇鬪鄭門中，廣陵盟亦載」，此指男命而言。女命雖然不算差，最好還是安常為妙。

今天是今年以來最不穩定的一天，即使是有好事出現，那祇屬曇花一現吧了！建造卯時日出，一日之計在於晨：

男：能開頃刻花，結果不能食；

女：要祝花宜壽，須求菊蕊仙。

亥日的「金鎖銀匙」本來不俗，尤其是女命的寅辰申三個時辰，但受到日月的空亡旅程破壞，大煞風景了！

四月二十、二十一日用事吉凶（三月初七庚子及初八辛丑）

子平命理所謂「六害」中有「子未」者在今明兩天也許會出現，原因是土星和海王星分別躔子巳兩宮的28°和29°，輒差在一度之內，祗要月球移到未宮（巨蟹宮）同絡之處，「上帝手指」（Yod）便會被形構出來。此象會於五月十八和十九日再現；短期內僅此兩次而已！江湖術士祇懂得玩弄文字魔術，沒有人知道六害之根身。

「上帝手指」是說，不全盤大勝則大敗，無折衷之處可言。（參閱筆者之《命運組曲》頁九十八捷克哈維爾當選為總統一例，或者《鬼谷子真詮》「辛甲」一則中述及大陸命盤二零零八年的實例）。

「上帝手指」是前生債務，為避免涉及哲學問題之出現，姑且釋之為「先天」債務，蓋「先天」者，套用李光地的話：「風氣未開，而開風氣之先者，為先天；時事既至，而因時立事者，為後天，『時』字雖在下句見，然所謂先、後天者，只是先、後此時耳。」因此，「先天」債務可以說自來到塵世後之「業」所累積得之債務。

今天是四月二十日，明天是四月二十一日，兩天卯時之際，月分別移到未宮8°和21°，原則上明天戌時前後才落實月在28°～29°之間。然而，在「福星未到先見福，災星過後始為災」（《果老星宗》語）的研星態度下，我們不妨將應期範圍擴大一點——今夜、明天，以至後天上午都置於可能「應期」之內。

這次「上帝手指」會應驗甚麼事不是旁觀者可以知道的，為此，本書附錄「金鎖銀匙」可作參考。今夜仍為「子」日，明天是「丑」日，後天是「寅」日，看上去祇有寅日辰時和午時的「二三一一」和「二五一三」有不祥之處，其他詩偈也有好些不錯。

四月二十二日用事吉凶（三月初九壬寅）

「月上柳梢頭，人約黃昏後」①是今天的主象。這也是日出於卯之時「二二一〇」說到：

男：芳枝開月下，秋葉舞春風。
女：深園空夜月，琴調幾知者。

昨天提及辰時的「二三一一」不利是女命，男的要用「青草蔽身」，因為她「手持利器」。今天是女命算作自我檢討的時候，「手持利器」型不屬男人「娶妻求淑女」的對象。祇有女強人才會手持利器，致使月掛柳梢之時還是孤獨在園中徘徊。

戌時到了，別的女孩子是「玉雲荷盤裏，瓊珠碎碎圓」，之後還會唱出「採蓮曲未終，扁舟空蕩漾」——金水拱照，羅火在七宮，火月同宵於遷移宮。

男人今天除辰時小心惡婦之外，可以說整天都吉祥，尤其是有女孩子肯和你演一幕「人約黃昏後」的好戲。

① 宋歐陽修《生查子・元夕》：「去年元夜時，花市燈如晝。月上柳梢頭，人約黃昏後。今年元夜時，月與燈依舊。不見去年人，淚濕春衫袖。」

四月二十三日用事吉凶（三月初十癸卯）

戌時月出午宮入巳宮，女命十個大圈，凶。

幸好亥時是日月拱照，於女命是一百八十度大翻身，「寒人下秋天，連芳溼五彩」。

不過，今次日月拱照的亥卯未三個時辰衹有亥時可取，原因是卯時命宮有陽刃的殺，無一個好神煞，未時命宮亦然——勾絞、六害、三刑、孤辰和亡神。亥時命宮卻有紅鸞和天貴，可以抗衡不好的驀越，病符和寡宿。更不可不知的是未宮的土星還有木星直沖。

日月拱照意味着天長地久。在如此情況下，最好還是避開卯未兩個時辰，而獨取亥時作擇吉之用好了！但若果單從擇善求真來看，今天的卯未兩時辰是未到日月拱照的時分：女命戌時凶，未時男女雖好，但有隱憂；其他對男女都不俗。

然而，不可不知的是，這次亥時日月拱照也是T型星象的出現：土星和天王星在室女、雙魚分別躔28.5°～29°，而月則於亥時掠過摩羯28°～29°。身在摩羯必惹是非，但T型星象又是人生的轉捩點，這時「金鎖銀匙」的「二五一九」、「二九一九」說：

男：能開頃刻花，結果不能食。駕屋橋梁上，依山又帶河。

女：要祝花宜壽，須求菊蕊仙。寒人下秋天，連芳濕五彩。

詩偈似言根基不穩，不能持久；事情會曇花一現，如何處理才對呢？

四月二十四、二十五日用事吉凶（三月十一日甲辰與十二日乙巳）

我將這兩天置於一起，最大的目的是對二十三日，日月拱照T型星象下兩詩偈的回應。二十三至二十五三天的日月拱照卯時未時不利擇吉，祇有亥時可取，此乃不容置疑的事實。昨夜亥時隱言根基不穩，接續之下的子時（二十四日凌晨）有結果了，因為「二五〇九」說：

男：微漲天河流，冬江雪浪起。

女：夕陽無限好，爭奈易黃昏。

是外面的壓力使然，抑或是外在因素：女方父母反對？

二十四日女命情感有若坐過山車，忽晴忽雨，「二四一〇」、「二三一一」、「二三一二」、「三三一三」、「二二一四」、「二九一七」、「二五一七」、「二八一八」、「二六一八」描寫得太逼真了，但亥時日月拱照正是「二六二〇」、「二八二〇」的難得詩偈：

男：碧落出烏輪，眾星拱北斗。清淡梧桐樹，風搖金井間。

女：難許自由身，是心難飛走。鶯花三月景，天氣又重新。

為何這樣子？

答案是：「好事多磨」！

好了，不可放棄！

二十五日卯時日出詩偈再點示彼此情感的內心世界波濤洶湧，「二三一三」：

男：禹門波浪急，冬月井魚中。

女：日日任東風，女子貞不字。

這天女命的詩偈亦是過山車的模式，戌時「難許自由身，是心難飛走」又再湧現，終以「二七二一」為今次日月拱照唯一可取的亥時作結：「金盃休復水，琴瑟再調弦」。

人生中最重要的是抓住好的轉捩點。凡人皆有好的機會，如果不錯失的話，成功總會到來——好的開始是成功的一半！錯過了海畔的晚風的人就會與星光無緣了。

四月二十六日用事吉凶（三月十三日丙午）

日出之時的月亮剛好西沉到水平線下，是月照天秤。日在金牛，與水星一起。辰酉有日月水，可以暗合。月照天秤星象有利於事業，此乃甘羅秤相之象，所以今天的重點是工作而非過去三天的聚焦於異性關係那樣了！然而，日在西沉宮並非得位，尤其是見羊刃、的殺，過兩天月在卯宮，星象月卯日酉，乃「殘壞命」，而日卯月酉則是「富貴命」。所以由二十六日至三十早上宜小心處理一切。

今天最好處事低調，男女寧取「三〇一四」而非「二四一四」詩偈所言：

男：鵲巢高樹上，風雨絕塵埃。

女：冷淡是生涯，何須花簇簇。

弄出「瓦冷霜華重」和「花開落嫩紅」則不妥了。

巳時中要用「忍」字訣，男的要避開「魚龍相約侵」，女的不可作「逼人」的「春花」，取

「二二一六」而非「三二一六」。

如是，午未申三時辰自有收獲，即使酉時男凶，戌時女凶亦可減半。

四月二十七日用事吉凶（三月十四日丁未）

今天比昨天容易得多了！

若問吉凶，女的沒有，男的則在亥時「二五二三」說的「蛇鬪鄭門中，廣陵盟亦載」。原因是月在辰宮出軫水入角木，不穩之象也！

如果不是日在酉宮的話，未日的詩偈對女命而言是大醇小疵的。比男的還要好一點。自未時開始女命「錦繡藹春閨，梧桐在金井」，「雪裏出梅花，猶待春風至」，「暮去更朝來，春花幾芳馥」，「天外雁聲孤，喚醒佳人夢」，「把鏡稱月影，朱顏渾未改」何等充滿詩意。「未」日是今年的「婦女日」，正如卯時詩偈所言的「木非凡木比，可用作門楣」——年命為木者較其他年命尤具優勢。

四月二十八日用事吉凶（三月十五日戊申）

今天日出後日月對望，是望日，可惜美中不足的是由於日酉月卯而失位，變成「殘壞」的日子。話雖如此，「壞」中求「美」亦非不可能的事，因為今天詩偈本身無所謂凶象存在。女命整天吉祥，尤利是黃昏之後玉兔東升；至於男的則利晝不利夜，暮色到來最好在家休息。卯時詩偈說盡今天主題：

男：冰霜得令節，以候辨陰陽。斗秤皆均物，權衡有萬殊。

女：芳草正連天，那有黃梅雨。流鶯語燕嬌，日暮花飛雨。

女命中未婚和已婚者有別，自申時起前者「花開向春晚」、「江上月清明」、「梨花滿院香」、「新枝發舊花」，而後者則為「花謝果還稀」，「金鞭何處去」，「莫收春帶雨」、「螟蛉贏負螟蛉」。

既是「殘壞」的日子，男的衹好等待「辨陰陽」，「權衡」不在於己而在於天。

四月二十九日用事吉凶（三月十六日己酉）

辰時的月出亢金入氐土，不穩之象。故「二六一八」女命見十個凶圈。午時男命「二四二〇」是「仗劍斷鰲足」，持「劍」亦凶。卯時「二七一七」說出今天的主題：

男：柳線繫春光，暮天色已定。
女：傳言桃李春，為惜桑樹是。

富貴在於桑麻，不在桃李，春光微弱，何如黃昏之景——由絢爛而回復平靜。如何抉擇？盡在亥時之詩耳！詩偈「二三二五」是：

男：蓮花隨步起，風雨過池塘。
女：芳草碧蓮天，塵〇臨弦索。

桑葉用於飼蠶，桑實可食，木則可作製器之用。今天已非農業社會，但「家」仍是重心。衹見「事業」而不見「家庭」的人不妨深思一下亥時詩偈的深義。

四月三十日用事吉凶（三月十七日庚戌）

卯時月出卯宮入寅宮，是空亡旅程，女命為凶，男的「憂勤等采薇」，女的十個「凶」圈。女命午時亦凶。但是，月在艮山（寅宮）豈可謂之無成呢？！

甚麼時候才是月在艮山？那是以丑為命宮的亥時——天貴玉貴相對照，紅鸞天喜橫空，「二二二六」說得好：

男：四境風雲起，金烏照太空。

女：四野風煙暝，飛花落野泥。

辰時的月在卯宮28.5°，詩偈是「二七一九」：

男：夜寢游仙夢，通靈各有神。

女：江水映秋風，水落花去速。

詩偈是巳時「二八二〇」和「二六二〇」的前奏曲。

「通靈」！這是第六感覺。

為何會這樣？

原因是月在明天辰時就會去到寅宮14°，到時會跟土星和天王星構成一個T型星象，而此星象是人生「大轉變」的啟示。

所以，巳時詩偈所示不可忽視：

男：清淡梧桐樹，風搖金井間；碧落出烏輪，眾星拱北斗。

女：鶯花三月景，天氣又重新；難許自由身，是心難飛走。

這個月23日有T型星象，今天會否是明天T型星象的前奏曲呢？！今天辰時到來，男的要好好的搜尋第六感了！

今天女命情感世界波濤起伏。男命看上去充滿吉兆，有靈感則更吉。

西元二〇一〇年五月（May）五月一日用事吉凶（三月十八日辛亥）

我在過去好幾次提及過第六靈感的湧現，昨天亦再說及！別低估天王和土星成180°的相向，一九三五和一九三六年有不少高度藝術性的電影、詩歌，音樂在此星象下產生。今天辰時月與天王和土星組成90°的T型星象。祇有月可以在一個月通過寅宮和申宮與之奏出三重唱。遲兩天金星入申後也可以，但太陽到達之時，天王和土已不在所需之度數上了。

把握「辰時」的際遇，在辦公室中或外面無大分別。昨天抄下「眾星拱北斗」，「是心難飛走」的詩偈「二六二〇」、「二八二〇」別有深意。

二零一零年庚寅（4 Feb, 2010 – 4 Feb, 2011）

二零一零年五月一日卯時

天祿	天暗	天福	天耗	天廕	天嗣貴	天刑	天印	天囚	天權	科名	科甲星羣	文星	魁星	官星	印星	催官	祿神	喜神	爵星	天馬	地驛	祿元	馬元	仁元	壽元	血支	血忌	產星	生官	傷官
月	炁	計	羅	火	孛	木	金	土	月	金		水	水	金	金	孛	金	金	木	水	金	水	水	金	木	土	土	木	孛	羅

辛卯	辛亥	庚辰	庚寅

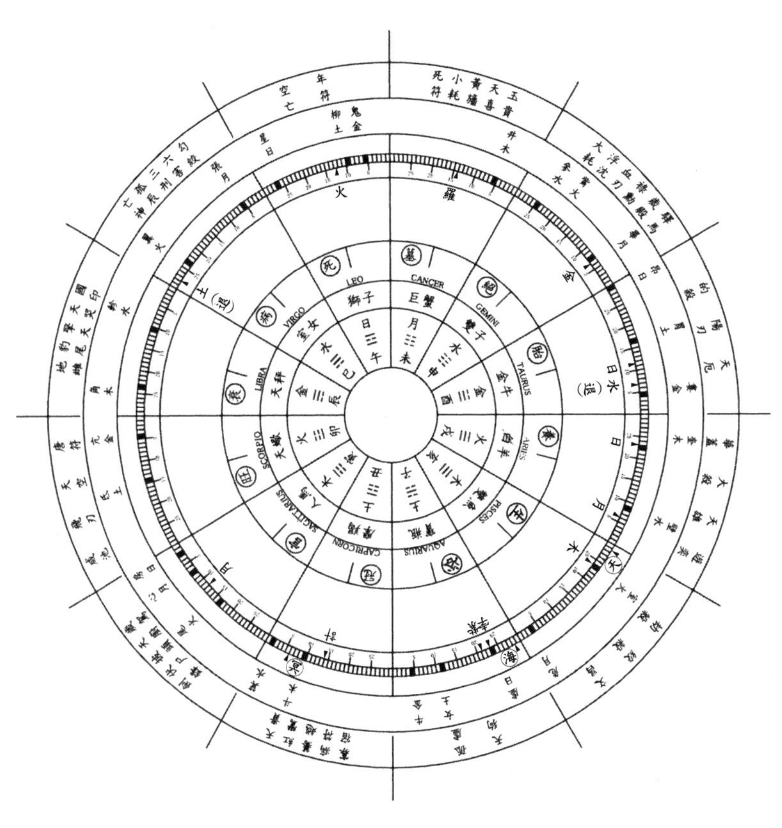

五月二日用事吉凶（三月十九日壬子）

昨天和今天都用不着談別的時辰星象，原因是在星光下，「戲肉」是T型星象，即使我們因不懂星命而不知其出現，四方八面的一切無不聚焦於它身上。

昨天和前天的「二六二〇」、「二八二〇」乃其外相，今天則爰變為「二八一二」和「二六一二」；天土「突變」的主題，配合木天四度內互通（共躔室火）的特性——「自由」的凱歌，「陶醉」和「欣悅」的感覺就是未時詩偈說的：

男：強瀾既四倒，地道有常經。蠶營簇上繭，宛轉吐絲綸。

女：姻緣同比翼，風送天上去。神仙不用求，自有桃源路。

其實，午時已為之鋪路了，（二七一一）如是說：

男：木牛出祁山，流馬入斜谷。

女：冬天暖似春，江梅花正吐。

冰冷的心也春花怒放了！

象。

五月三日用事吉凶（三月二十日癸丑）

月亮早上已身在摩羯，明天亦然。然而，金星卻在申宮11°與天王、土星進入另一方的T型星象。

午時詩偈是「二七一三」，為之奏出昨天「自由」的凱歌，令人陶醉和喜悅。也許月在摩羯帶來一些是非，未時使出一招顧太真遇麻衣道人授掌心雷法：「掌火焚山澤，連天草木除」，女的又怎會不喜上眉梢呢？！

天海兩星成30°角，這會持續到月底才會相距大於1°而減力，但其互相暗頂正意味了「界線」之消失，「分離」的則「復合」。縱使金星獨行帶有殺傷性，異性間的紛爭亦可紓緩了！

五月四日用事吉凶（三月二十一日甲寅）

今天仍見月在摩羯，要到明早才離去。日金火月計羅差不多都在不同宮之中度，而最不可忽視的是日火成90°角，在13°55'的同絡，90°為「三刑」。火為女的情星，日為夫，已婚的男人要「忍」，即使是未婚的男仕，更不可激怒女上司。不然的話，她會拿出「無形」的刀來對付你，尤其是辰時，過後則無事矣！

五月五日用事吉凶（三月二十二日乙卯）

金土和天王T型星象，日火90°之三刑，身在摩羯則成過去，難再生事。今天戌時因月在兩歧之地，女命見十個凶圈，命宮主木星出危月入室火，帶劫殺和劍鋒，而帶刃之金則直沖寅宮。

午時男女命不很好，感情上恐有風暴（「二四一四」、「三〇一四」）。

未時宜收補（「二五一五」、「二九一五」）；這有助化解一下戌時對女命之凶力。

做丈夫的今夜宜為妻子祈福，男拜羅　，女拜計都是傳統做法，蓋亥時命宮在丑，羅計橫空，亥時的的「二五一九」似為此象而寫：

男：能開頃刻花，結果不能食。

女：要祝花宜壽，須求菊蕊仙。

道家的拜祭是形式上的事，我不以為非形式不可，一個人如真誠為妻子祈福，在內心之中，這就足夠了！

五月六日用事吉凶（三月二十三日丙辰）

火日之三刑過去了，天王、土星和金星之T型星象躔度輒差在1°之內。戌時命宮在寅，正好承受着四正的T型星象；我在這月一日述及第六靈感湧現，再要在這兒強調一次，原因是戌時「二七一九」詩偈說：

男：夜寢游仙夢，通靈各有神。

女：江水映秋風，水落花去速。

上次此數出現於四月三十日的辰時，是日間，今次則在戌時，是晚上，協於時，其力彌遠。有靈感則有「靈」（Sprit）；所以，今夜要好好安睡，亥時詩偈「二六二〇」、「二八二〇」說的不一定指現實世界的事，「難許自由身，是心難飛走」是心靈世界中會現身的「靈」。

不要忘記的是，卯時「三三一三」早就點出今天主題：

男：景星移北陸，熒惑出南宮。

女：雲雨歸何處，巫山十二峰。

今天早上立夏，除酉時女命見十大凶圈之外，日間和晚上男女命總是好的。T型星象之隱力不可忽視，再過一兩天後金星就離開躔點了。到月臨雙子宮時，此星象亦成過去了！取而代之的便是木土對沖，於這個月中旬在底室下旬為止。

五月七日用事吉凶（三月二十四日丁巳）

今天酉時月由寶瓶入雙魚，空亡旅程之象於「二九一九」和「二五一九」，女命不是「寒人下秋天，連芳溼五彩」便是「要祝花宜壽，須求菊蕊仙」。此乃詩的語言，有點是秋菊遇雨吧了，無「凶」可言。

由卯時的「女子貞不字」，辰時的「靈清海棠溼」，巳時的「上林花正發，只恐起東風」，午時的「天長地久時，只怕多風雨」，未時的「姚黃並魏紫，相遇五更風」，女命似乎並不易受。此乃情感風暴，並非甚麼「麻煩」！

趁着今夜火空則明和T型星象的妙力，巳日戌時變成整天的最吉祥的一刻，男女如是；一句「眾星拱北斗」加上「是心難飛走」乃不移的事實——出現於外在世界或是心靈世界都是一樣的。命宮坐歲駕，驛馬歲殿和祿動直照，金輿在拱照，怎會不吉祥呢？！

五月八日用事吉凶（三月二十五日戊午）

昨天開始有二星象需要留意，那就是已經離開室火初度而穩定下來的木星，定與天王星相距4°，在亥宮裏。我曾經提及過「亥有木星，主圖書，乃文章秘府之星」，「營室（指室火度）乃上帝之離宮，金水木日月計拱此宮則有文章秘府之象，以其近帝宮也」！

天王木星會合有何意義？

一六〇九年春至一六一〇年秋天木相會在5°內，卡卜勒（Kepler）發表其天體運行定律之第一和第二定律，伽利略在望遠鏡中看到一個前人想像不到的絢燦夜空。此後逢此二星會合都有驚動學術界的事發生。達爾文、弗洛依德、彭克、海森堡、懷海德的發表驚人之作，甚至我曾在《中美國運和天命》提及過羅薩（T. Rosak）《反文化製作》都與之有，更不必說一九六九年阿波羅登陸月球的偉舉了。

我的每日談不是談上面的東西，重點是放在人事世界之中。不過，我不想錯過在這裏借星象點示其重要性。如果輒差可以容許二星會合前的兩個月內，則此星象於今年初便開始了！因此，甚麼人都有機會得到這次天木二星會合所賜的天恩——國家或地方的時運亦然。

好了！話歸正題，今天日運如何呢？一如平常的午日，今天祇是一般而已！日出時的啟示是「二四一四」、「三〇一四」的「瓦冷霜華重」，「豈料狂風惡」。男命酉時「仗劍斷鰲足」，女命戌時十個「凶」圈。趁着是週末一天，放緩步伐，減慢節奏為妙。

好的時辰是凌晨子丑寅，不在日間。如果想寧靜的，早點上床睡覺。

略有可為的是申時，不過卻難有大成。水星要到兩天後才不退行，待到日月夾水才好轉。有兒女者這未臨幾天內要留意他們的健康。

五月九日用事吉凶（三月二十六日己未）

昨天今天凌晨都是好時辰，你不會因睡覺而感到錯過了子丑寅三個時辰，說不定由於月於文章秘府而令你感到有活力，好好的利用身在秘府的妙力。

今天日出時有好的徵兆，男的騎牛逐鹿出迷路，女的則是此木非凡木，可作棟梁才。申時於木命的男女吉，其他時辰都不俗；今天要有夢，男的可以夢到扶桑，女的則在於有夢才可以在夢中醒來。

如果要小心的則是亥時對男命不好——蛇鬬鄭門——女命無不妥之處。

今天是屬於心靈世界的，物質世界的名利是次要，千萬不要將二者的重要性倒置。

五月十日用事吉凶（三月二十七日庚申）

子丑兩時辰間月出亥入戌，不是飛星渡河漢，而是「空亡旅程」的暗渡。「花渠暗水流」，「風蒲美轉定，能化青蛇劍」祇屬夢境而已。

寅時退行之水星已被日月夾住，立夏後火旺南離需以水為救也！過了今天之後水星可以隨日，「濟潤變化乃是晴霽兼行，萬物精彩」，週末兩天之後的今天上班工作會有好處，原因是整天的詩偈都不差，申時詩偈「三三二一」說：

男：井上有綠李，鹽梅氣味同。

女：花開向春晚，花謝果還稀。

不算是好收獲，但卻勝於無成，這兩詩偈是對四旬的中年男女而發的。至於年青的男女，午未兩時辰不俗，可以自我表演一番，尤其是年屬木的男命。

五月十一日用事吉凶（三月二十八日辛酉）

午時男命要小心，不可燥動，太陽過胃土初度星盤上之17°黑點；酉乃羊刃宮，還有十天太陽才離開酉這個不利之地。因此，午時詩偈「二四二〇」再提醒男命：「仗劍斷鰲足」的劍是利器，不宜出差，否則會流落荒山，不知那兒是出路。

如果辰時自以為「掌上握風雲」，則會樂極忘形，誤以為去甚麼地方都可以吃得開，這是錯誤之源。辰時曾有言「憂勤等采薇」，此句亦為「出差」寫下伏筆。「采薇」一事是為上司而為，在太陽在羊刃宮時，亦不可為。

至於女命，防辰時有「凶」。

巳時是警誡信號：「能開頃刻花」，向花蕊仙為妻祈福。

若真的要出差，留待亥時則無礙矣：「蓮花隨步起，風雨過池塘」。

由未時至亥時男女命俱吉。

五月十二日用事吉凶（三月二十九日壬戌）

星象和昨天有點相似，午時月由白羊進入金牛宮，是「空亡旅程」；女命因此象而見十個凶圈（「二五二一」）。男命若於昨夜沒有出差，今天卯時更不可動行程。

看看辰時有無第六感，「夜寢遊仙夢」也！

看樣子，男的會有轉機，因為巳時女命「難許自由身」，「天氣又重新」——此乃木年卻於女命最具深義的詩偈（「二六二〇」、「二八二〇」）。不要作兒戲，不要以為她與你一樣：「不一定要天長地久，而志在曾經擁有。」如果你「把扇作飛簾」（「二五二一」），恐怕會逼她為你殉情的，所以在「糞壓咸席捲」下，她會被你走上絕路。到時你不能在「東海植扶桑」，而是在西海的「弱水」——舟不能浮，鳥飛不渡——情海茫茫，不見彼岸。

為何如此凶險？日月夾羊刃、水星夾於中，退氣則情不足，而今這顆有情之星順行有氣了！對宮天蠍有飛刃和桃花，好一幅桃花劫的畫象了！男女主角是誰才對呢？！

五月十三日用事吉凶（三月三十日癸亥）

土和天王幾天內的T型星象漸漸消失（看流日之輒差要在一度），而木土的對沖（成180°）幾天之後就會出現——僅幾天的持續而已！

今天比前兩天的好轉，不過月在退氣之女人不如男人那樣處於有優勢的位置。可以這樣說，女人今天易於情緒低落、為情感的低氣壓籠罩。細看亥日十二時辰的詩偈可見一斑。

卯時是一日之計在於晨，其詩曰：

男：駕屋橋梁上，依山又帶河。能開頃刻花，結果不能食。

女：寒人下秋天，連芳濕五彩。要祝花宜壽，須求菊蕊仙。

男人可以在詩偈兩副對句中選擇，女的亦然，後果自負。總之，缺少了天土兩星的支撐，木土對沖仍未成象，所賴者唯文章秘府中之木天互通有情而矣！二星在三度之內，文章者，情信也！今天的男女不易找到有寫情信的人了。口說無憑，白紙黑字乃一盟誓。

五月十四日用事吉凶（四月初一甲子）

今天辰時合朔，月也戌時踏上空亡旅程——出酉入申。辰時詩偈「二二一二」說女的「夕陽無限好，爭奈易黃昏」，月與日一合之後就分離了！戌時的女命又怎樣？「二三一五」說「紅梅映蒼竹，惟有歲寒情」。金星引月，水星隨日是主象。金帶刃，今天又過兩歧之地的黑點（23.5°～24.5°雙子宮）。女命小心未時是否「神仙不用求，自有桃源路」，有固然好，沒有的話也無不妥，祇怕「日在酉宮」之不利是金帶刃。萬一「文章秘府」的力未應於己，則申時的「風蒲美轉定，能化青蛇劍」是「凶」器。

今天男命亦要小心，若果未時應驗的不是「蠶營簇上繭」，而是強瀾四倒的話，那就不易受了！

不要以為這些事不會發生，因為卯時男命詩偈「二四〇八」說「日月煮黃粱」，這是邯鄲夢——夢中盧生遇到佳人，相約成婚，後中狀元，授翰林之職，仕途坦蕩，最後的上相，封趙國公。八十一歲一病而終，驚醒方知是夢！

五月十五日用事吉凶（四月初二乙丑）

早上月在昴日，要到午時才出昴入畢，縱使箕風畢雨是可能的自然現象，但今明兩天這不足以對人事世界有壞的影響。丑日在木年始終是充滿吉祥的一天——壞極有限。「太白夜食昴，長虹日中貫，秦趙與天兵，茫茫九洲亂」不可能出現，尤其是火日又不同宮，那有火日爭光的事？！

午時月的空亡旅程會有不穩，該是情感上的。問題在男而不在女，祇怕男的「強瀾既四倒」而非「蠶營簇上繭」（「二六一二」、「二八一二」），但女命則不僅無礙，且又有機與男的比翼相飛。

今天女比男吉祥，除午時之外的隱憂，整天彼此都吉，今天的丑日比以前略差一點是過最吉祥的詩偈時月在空亡旅途，再加上日在酉宮見刃。

月在驛馬，宜動，是進取的一天。

五月十六日用事吉凶（四月初三丙寅）

再捱幾天之後日入雙子宮就可擺脫在刃宮不好之處，自水星四復前行太陽亦得濟潤，此乃不可置疑的事。

其實，木年的寅日也算是吉祥的日子，卯時為一天的中心主題：

男：芳枝開月下，秋葉舞春風。

女：深園空夜月，琴調幾知音。

這幾句詩偈是對辰時而發的——男是以草蔽身的青蛇，女手持利器，怕的是被他噬一口！既然木星和天王同躔於文章秘府，今天有緣在一起的男女不妨細思一下應否放棄互相猜疑的態度。亥時到了，夜觀星象吧！「地軸天輪轉，壺中日月長」。看看星空上的雙子星座好不好？卡斯佗（Castor）願意將生命的不朽拿出來和普歷斯（Pollux）分享，這也是「三〇一八」詩偈暗示的：

二零一零年庚寅（4 Feb, 2010 – 4 Feb, 2011）

二零一零年五月十六日卯時

天祿	天暗	天福	天耗	天廕	天嗣貴	天刑	天印	天囚	天權	科名	科甲星貴	文星	魁星	官星	印星	催官	祿神	喜神	爵星	天馬	地驛	祿元	馬元	仁元	壽元	血支	血忌	產星	生官	傷官
月	炁	計	羅	火	孛	木	金	土	月	金		水	水	金	金	孛	金	金	木	水	金	水	水	金	木	土	土	木	孛	羅

辛卯	丙寅	辛巳	庚寅

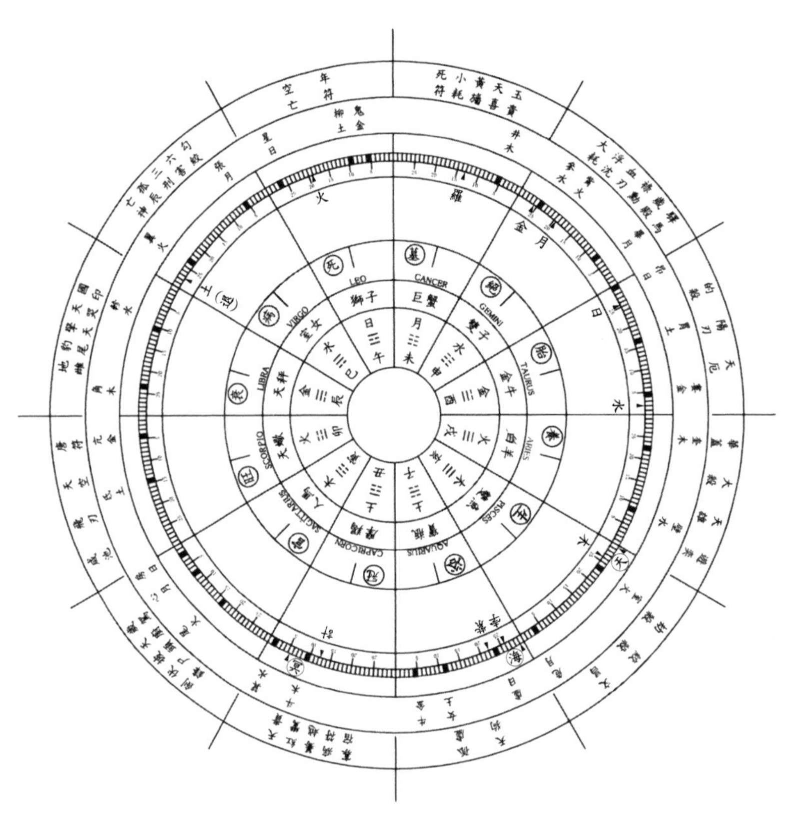

心一堂當代術數文庫・星命類・其他類

男：溪漾浮萍草，流芳自哇奇。

女：鷄棲生鳳子，回首隔塵埃。

浮萍依溪而生，子依母而活，你們怎樣了？

五月十七日用事吉凶（四月初四丁卯）

凌晨後月歸垣，日月夾住金星於雙子宮。這是身臨玉貴之地，天貴直照，紅鸞天喜橫空。日出時有這樣的啟示：

男：朔風從北起，冰鑒照青天。

女：芝蘭出蓬蒿，莫染花間塵。

這說明女命要自愛，不要隨波逐流；若果可以做到的話，不難應驗未時「二五一五」所言的「木非凡木比，可用作門楣」，否則見凶於戌時的「二六一八」大個大凶圈。今天財宮被日月夾住，引誘力太大了！戌時對宮見到此象，金帶羊刃，不可因財失義。若不存警誡之心，男的會「結果不能食」，因此，女的需求蕊仙來自保。

「用心於不爭之場，投跡於知幾之地，財禍不入慎象之門。」王勃亦如是說。

五月十八日用事吉凶（四月初五戊辰）

今天開始六天之內木土均在互對之宮27°對沖。換言之也是文章秘府上木和天王星直沖退行之土。由於月於卯時不在申宮十七度，T型星象是虛設了！儘管如此，木土對沖於人事世界又怎樣呢？！

土不在張月度上，因此不會傷月，但木的對沖激起其怒氣，巳宮所受到之害為土埋雙女。這三天仍然以巳宮為子女宮，為父母者宜留意子女的起居。

對男命女命而言，今天是不錯的（除卻酉時女命見凶圈之外），卯時詩偈充滿吉祥之兆，男的「分慶誕辰中，花下人相顧」，女之「水邊多綠草，翠竹喜相逢」是一天的主題。

水在婁金度，金在參水度；金水互通而通而有情於日也！夏天之日不可無水。

酉時不利女命，今天尤甚，原因是酉時以卯宮為命宮，日酉沉，卯宮又是桃花帶刃。除此之外，日間夜間都是男女命的好時辰。卯時主題會否帶來最佳的結果？解答是亥時詩偈「二六二〇」、「二八二〇」的落實性怎樣，程度因人而異——亥時以丑為命宮，七宮見井木上的月，木與火對望：

「當月在七宮，木火排在一直線，
平靜就會引領星體，
而愛情也為諸星把航，
這是水瓶時代的晨曦！」

(When the Moon is in the Seven House and Jupiter aligns with Mars,
Then peace will guide the planets,
And love will steer the stars.
This is the dawning of the Age of Aquarius)

三十年前安廸威廉斯（Andy Williams）的流行曲Aquarius/Let The Sun Shine在美國早就家傳戶曉，知道甚麼是愛的星象了！這兒的木是其餘氣——紫炁。不過，要小心八宮見火；是這般情緣的夭折。

五月十九日用事吉凶（四月初六己巳）

火羅夾月是今天主象，夏月「水孛潤之而不寒，羅火照之而不燥，喜木炁以相扶」，今紫孛為木水之餘氣在對宮直照，誠屬佳象也！

此昨天一樣，男女祇有酉時稍差、日在酉沉宮：

男：能開頃刻花，結果不能食。

女：要祝花宜壽，須求菊蕊仙。

戌時到了，又是「二六二〇」、「二八二〇」的好詩偈之如此佳句，不妨反覆再抄：

男：清淡梧桐樹，風搖金井間。碧落出烏輪，眾星拱北斗。

女：鶯花三月景，天氣又重新。難許自由身，是心難飛走。

今天雖然不俗，但情感波濤卻在所難免，女的宜得到男的扶持才成。

五月二十、二十一日用事吉凶（四月初七庚午、四月初八辛未）

好了，太陽在今晚子夜出酉入申；原則上兩歧之地一切都不穩定，尤其是子夜前後，不過，離開酉宮帶刃的凶地總算好的。

今夜酉時男命「仗劍斷鰲足」，戌時女命十個凶圈。

明早二十一日子時男命「強瀾既四倒」，丑時「掌火焚山澤」，於男命大貴氣力矣！我建議男命今夜宜早入睡鄉，避過艱辛的時刻，女命亦不例外，反正木星加天王星通室火度而有情也許星象會帶來第六感。

午日的主題不吉，男命「瓦冷霜華重」，女命「豈料狂風惡」，難有大成的時辰，一切以腳踏實地為吉，最好不要牽涉到異性關係上去。明天辛未日比今天庚午好得多了，「二五一五」說：

男：騎牛逐麈鹿，前程路不迷。

女：木非凡木比，可用作門楣。

二十日早點入睡，翌日醒來可以見到太陽展開笑顏了！不僅如是，這次早睡也同時避開日出之前出現的月球「空亡旅程」——真是早睡身體好！

五月二十二日用事吉凶（四月初九壬申）

日西月東，土埋雙女，火旺南離是星盤上的主象，不過，不易看到的是晝火夜土分別有不同的角色。其次是木土和冥王星的T型星象若隱若現。如果將天王和木星的文章秘府星象連在一起，則天冥之90°角度不一定是上世紀三十年代之經濟大蕭條，以及四十年代見到在紛亂中新國家的建立——巴基斯坦，印度和以色列。

土星目前是退行，但在今月底便回復前行，配合天木的或前或後，與冥王星構成的T型星象一直影響着今年。既然土冥二星分別有其特性，90°會成為其爭持點，變成以殘暴的面孔相對峙。「手中持利器」、「仗劍斷鰲足」、「蛇鬪鄭門中」多少是其反映，即使「掌火焚山澤」和由菖蒲草化出的「青蛇劍」也會帶上殺傷力了！

時運的星象不一定馬上見到其被印證之處，但它們對人的潛在影響是存在的。

好了！今天是週末，也是鬆馳的好日子，紓解兩天來的壓力和鬱結。看來日間和晚上於女命不俗，「月兔夜光圓」、「採蓮曲未盡」、「梅花待春風」、「江上月清明」、「梨花滿院香」都充滿詩意，而男的「江上一犁雨」、「地軸天輪轉」、「木筆寫青天」、「紅波推畫舫」、「空中舞柳飛」、「波中生日月」也不遜色。週末的生活應該如是。

五月二十三日用事吉凶（四月初十癸酉）

由於T型星象中的冥王和土星底隱象，今天辰時為防不快，男女都宜對容忍多下一點功夫，不然的話，掌心雷可帶出殺傷力，因為午時男命「仗劍斷鰲足」也是凶的。

中午之後應不難見到愉快的時光，「尋釣夢春澤」、「紅波推畫舫」、「將燈入洞房」，甚至夢到在「滹沱河」上看雪花紛飛，借助文章秘府的靈視力，讓時光倒流，回到年青時代去做避雨的時候，在雨傘之下，扮演木刻名畫中的主角。

為甚麼我作這詮釋呢？

午時月在空亡旅程，出巳入辰；穩定下來便是申子辰的三合，日在申、月在辰，亥時命宮在子，驛馬祿動拱照命宮，斗杓直照。子宮無好的神煞，孛光入為主，是有情之星。亥時詩偈說男命「蓮花隨步起，風雨過池塘」。到何處去呢？這要借助文章秘府之力了！

五月二十四日用事吉凶（四月十一日甲戌）

以前多次提及過日月拱照是最吉祥的星象，不過吉祥到甚麼程度則繫於時辰所坐的命宮。今次申子辰三宮中以申宮最好，有驛馬祿動，辰宮則有國印，坐卯時申宮有利於職業，坐未時的則可望有職權。至於亥時命宮中的天狗孤虛不利於求子息——唯一可取是孛星有情而已！人生不可能十全十美，故於這次擇取吉時之時要清楚知道自己要的是甚麼才好，以免將來後悔才好！

看樣子今早卯時在日月拱照的吉象的，應驗的該是「二八一八」：

男：掌上握風雲，前生已先定。

女：蘭房花正開，門帳人如玉。

這才能配合樣動和驛馬的神煞；國印的拱照亦添助力，而且更有金星相助，是天官星，科名和仁元。

未時以天秤宮為命宮，孛拱照，屬天貴天嗣。在雙子宮則為天官星（金星），更妙；利於職權，所以國印是有力的神煞。未時詩偈是「二四二三」：

男：東海植扶桑，西海載弱水。

女：天外雁聲孤，喚醒佳人夢。

至於亥時的星象，昨天亥時已說子宮無好的神煞，祇取孛星為有情之星。紫在孛後，為清高之星，難免有情處帶孤獨感也！是好是壞乃觀點與用度的問題了！日拱照，正如詩偈「二二二六」說：

男：四境風雲起，金烏照太空。

女：四野風煙瞑，飛花落野泥。

以流日而論，今天午時為女命凶時，巳時男女命均吉。但無論如何，亥卯未三個時辰確是值得深思的時辰；看來權力和愛情間無折衷之處，二者不能並存。

五月二十五日用事吉凶（四月十二日乙亥）

今天未時月出辰宮入卯，有不穩定之象的空亡旅程：男的「蛇鬬鄭門中」，女的「朱顏渾未改」。既為日月拱照，所以卯時的主題不會是「二五一九」而是「二九一九」：

男：駕屋橋樑上，依山又帶河。

女：寒人下秋天，連芳濕五彩。

亥卯未三時辰祇有卯時是日月照，未亥兩時辰拱照已成過去了！

男命不夭不如女命，前者祇開頃刻花，反觀女命於亥時最吉，若非女命的「鶯花三月景，天氣又重新」的話，男的恐怕於「蛇鬬鄭門中」倒下！男命需要女的扶持和濟助，正因未是是男命最凶險的時辰，女命整天的時辰都好。

五月二十六日用事吉凶（四月十三日丙子）

到明天午時上四刻的月球仍在卯宮，今天比昨天吉祥，祇要月在空亡旅途時不燥動或逞強，男並不比女的遜色。

子午時是今天的關鍵，男的可能性是「日月煮黃粱」和「水銀鎛鑄鼎」——出桃飛刃之地而入天廚歲駕的寅宮。由於火旺於午宮，但土星則有退力乏力之虞，男命無玉貴之助（拱照於未）則未必可以避過跌倒之險。他需要「文章秘府」中的天王和木星了！

然而，以子日十二時辰各詩偈來看，子午時他不動不成，因為他要「木牛出祁山，流馬入斜谷」，要抱著「鞠躬盡瘁，死而後已」的精神方成。諸葛亮六出祁山，一生中的失敗並非不能出祁山，而是「江流石不轉，遺恨失吞吳」——未時之「強瀾既四倒」指的是「失吞吳」。如是，男命今天可以有救，原因是有「江梅花正吐」和「比翼雙飛」的女貴。

這是指已婚的男人而言，未婚的則要看他的造化了！女命整天都吉，男命則要看他的婚姻狀態。玉貴和貴人有異；玉貴不是庸脂俗粉，而是可登上玉堂之地的女貴。

五月二十七日用事吉凶（四月十四日丁丑）

在寅宮的月是「月在艮山」，謂其無成不可以。更何況，丑日的詩偈是本年十二地支的日子中最吉祥的。今天是男是女都吉祥，丑未時及的「掌火焚山澤」不是摧毀性的掌心雷──如果是「摧毀」，那是指瘴疫之地的沼澤和野草、枯樹而發的清除行動吧了！然而，如果深究一下天文學史，這「掌火焚山澤」實在是邱希里（Hercules）力拼海蛇凱達那（Hydra）時的場景：艾奧奴斯（Iolaus）以熊熊熱鐵助邱希里砍下凱達那的頭；凱達那生有九個頭，邱希里斬下一個，被斬處則長出兩個。如果沒有艾奧奴斯斬草式的動作的話，邱希里根本不能完成屠割九頭海蛇的苦差。這才是真正的「謂其無成不可」也。

為何我認為「掌火焚山澤」是經過包裝的神話呢？

五千年前，金牛眼（Aldebaren）是春分點，即今天的戌宮0°，在飛馬座（Pegasus）下面。邱希里也曾殺死巨獅，海蛇座在今天獅子座南面，黃道則在兩星座間穿過。五千年前的戰場就在這兒附近了！

我為「掌火焚山澤」做了如演繹後，丑日為何是吉祥的就不言而喻了！因此，今天這丁丑日又是日月對望，日落也就是月的升起，丑戌時是兩重月在艮山──天盤地盤也：「水影照天文，森羅成萬象。片雲天外飛，方見雲中月」。

今天男女命俱吉，十二個時辰都好。

五月二十八日用事吉凶（四月十五日戊寅）

今天月仍在寅宮，除了火星躔柳土末度，對宮流孛成180°直沖外，其他各星躔度變化很少。所以，祇有月的移動才是重點所在，辰時月出房入心宿，過黑點為不穩之象。詩偈「二三一一」說女命：「利器手中持，消息長無苦」。這是女命今天最不好的時辰。除此之外，寅日略遜於丑日，對男女命而言，今天仍不失為不錯的一天。

申時是最好的時辰，尤其是有職在身的男女：詩偈：

男：假山生柳桂，秋月散金花。

女：種出無方藥，方知造化神。

女命不妨借寡「文章秘府」中木星之力。

雙魚是基督教的符號，如果妳時教徒，願神給妳靈感去種無方藥。

五月二十九日用事吉凶（四月十六日己卯）

今天是星期六，金羅戰於午宮，日於申宮為孤君無輔，與月對望。水獨居酉宮，躔婁金成泛濫之家，因此有助削弱旺火，而天王則在戌宮初度──與冥王星成90°角。木獨坐天，直沖對宮退行之土。

因此，木土，孛火，金羅都牽涉到對沖或相剋的星象，水不宜獨處，日孤居；缺少如此星象則看不出天卯日「金鎖銀匙」詩偈之凶象。

戌時女命有十大凶圈乃天王冥王成90°角，金羅戰於命宮所致，即午時命宮中土受木沖：「瓦冷霜花重」、「豈料狂風惡」，巳時以午為命宮，孛沖火，破午宮，的確是「禹門波浪急」！

好的時辰是子時，以亥為命宮──「文章秘府」，所以可以有甜蜜的邯鄲夢：「日月煮黃粱」。

至於未時，命宮坐國印，日在驛馬宮帶祿動拱照，亦一面則孛拱於寶瓶：「騎牛逐鹿路不迷」是男命，女則是作門楣之好木。

未時於現實世界有利，子時則為夢境而已！可以這這樣說，男女衹是未時，其他的則不可妄動了！

五月三十日用事吉凶（四月十七日庚辰）

今天星象和昨天唯一有明顯分的是月在摩羯，始於凌晨。寅時月在箕水初度，身不穩，惹是非，詩偈「二三一一」說女命「利器手中持」，幸好仍是睡覺時刻，難成凶事。

辰時以未宮命宮，中有金犨，木在「文章秘府」拱照；今天取而不取戌時未引證詩偈：「景星依北陸，熒惑出南宮」，乃紫氣在北之子宮，火在南方之午宮。「文章秘府」也許藏有案玉神女、高唐二賦吧，所以女命為「雲雨歸何處，巫山十二峰」。

午時以巳為命宮，泛濫之水拱於金牛：「多少魚蝦出，波流天日紅」。

至於巳時，取「二二一四」男命：「牡丹花影中，靈清海棠溼」——女人情星為水之餘氣月孛所傷。

子時不如昨天是以亥宮為命宮，孤日拱照，不宜女命：「夕陽無限好，祇是近黃昏」；但酉時則利男不利女——前者「掌上握風雲」，後者十大凶圈。

唯一值得取的是亥時，是月孛有情，詩偈是「二六二〇」、「二八二〇」，女命好是不容否認的——已成「是心難飛走」、「天氣又重新」。

至於男命，看他是「風搖金井間」還是「眾星拱北斗」方知好壞了！

五月三十一日用事吉凶(四月十八日辛巳)

星象中月比昨天好得多了!

昨天計在月前，掩月之光;今天則已越過計都，前有紫孛遠道招手相迎。另一吉象是金羅前兩天正面相迎，故有戰鬥，但今天兩星則相背向前行。戌時金月對照而有情，天喜紅鸞橫空，天貴對玉貴，怪不得有昨夜「二六二〇」、「二八二〇」的同樣詩偈了!

今天金羅不再刑戰影響不可謂不大，起碼「金鎖銀匙」中沒有代表「凶」的圓圈。

亥時是好的結束:

男:雷是震天鼓，青天無片雲。

女:金杯休覆水，琴瑟再調絃。

但究其緣由，那就見於一日始於晨的詩偈:男的「禹門波浪急」，女的「貞不字」。

整天中的女命是處於情感的波濤起伏之中，男的則不然。月在摩羯之是非看來是女的一方，不過到最後的喜劇收場卻證明了愛情是仙丹，是還魂丸!金鎖銀匙

附錄

《河洛理數・金鎖銀匙》（據心一堂明刻本《河洛理數・金鎖銀匙》修訂）

河洛水部參評秘訣

	男命	女命	歲運
三三三〇	洞門無鎖鑰	閨門深似海	半空明月稀
	便是一閒人	應不染紅塵	一枕清風靜
二二三一	月在清波底	年來十二月	酒醒何處去
	維舟向柳邊	月長日西沈	柳岸晚風輕
二三三二	商山秦嶺花	花果一時新	商山採藥去
	開向三冬雪	回首四面隔	意望作神仙
二四三三	元宵好燈燭	紫燕語離情	將軍欲斷橋
	卻向五更明	新巢重引子	謀為何計策

二五三四　三年不言道　牛女星方度　梅花開雪下
　　　　　夢傳說旁求　誰家波浪生　已自壓群芳

二六三五　覲鼎取其象　花上鶯聲急　蒼鷹與良犬
　　　　　稼穡下艱難　東風歎短長　須日漸從遊

二七三六　結繩代書契　革故取鼎新　駿馬已登途
　　　　　八卦未曾成　姻緣事非偶　阻防蹄暫住

二八三七　華渚星虹動　羅帳怕霜侵　鳳鳴在高岡
　　　　　海棠雲雨飛　雲外衣裳冷　百鳥皆集視

二九三八　鴻毛飛白雪　惟願日長好　用扇作飛簾
　　　　　羊角上清霄　旬西還自東　糞塵如風捲

三〇三九　魚蝦北海過　葛藟係樛木　鑿井得逢泉
　　　　　海水變桑田　前程自有期　先勞而後暢

二一四〇①　惟魚與熊掌　清溝自澄徹　生義人所欲
　　　　　二者豈能兼　莫使決污泥　二者豈能兼

① 本書作者考訂，當為「三一四〇」。

三二四一	虎皮包干戈	江天欲暮時	蝴蝶上天飛
	華山未歸馬	惆悵神仙侶	尋花去上苑
三三三二	自牖看天心	春風酒一壺	雪滿芳郊外
	咫尺天顏近	明月人千里	此心惟是憂
二三三三	月出四更靜	要知天不曉	定前須向日
	長天惟字橫	月色轉三更	何在更登樓
二三三四	海棠三月開	梅子墜金風	馬過危橋上
	雨洗胭脂臉	不見釵頭鳳	隄防足下空
二四三五	白露結珠花	明珠生老蚌	○○○○○
	東邊太陽上	莫戲綠楊津	○○○○○
二五三六	綉針為鐵柱	鐵磬與銅盆	得薪又無木
	江海暗中瀛	相剛方穩當	恍惚又憂惶
二六三七	二氣包鰲極	天邊問明月	夜深聞雷聲
	五行猶未分	已度又還員	疑有所思時

二七三八　花箋黑水染　仙曲何人和　扁舟兼得航
　　　　　空有五雲飛　玉簫吹夜寒　向後飛出常

二八三九　赤電閃紅旗　月中丹桂子　蛇蟠當道出
　　　　　黑雲拖鐵騎　開處待秋風　進退自為憂

二九四〇　巫山千里遠　鄭北春風生　蟜蟹腕云谷
　　　　　欲聽鳥聲音　霜雪摧蒲柳　振羽欲飛時

三〇四一　龍舟爭勝負　東風滿柳花　畫舫過洪波
　　　　　欲定一時名　西風何太急　棹〇難得太

三一四二　棫棘共梧檟　鮑魚混芝蘭　桂林無雨露
　　　　　取養在場師　馨香依舊在　山澤有風雲

三三三四　物鈞衡斗正　楊朱惡修身　閑吏井駐笛
　　　　　益寡以裒多　難遇天仙子　躁進恐無由

二二三五　龍蛇爭一室　雲開月色新　猛虎居林業①
　　　　　飛向百花叢　陰晴猶未保　笑吼自生風

① 編按：據上文下理，「業」疑當為「叢」。

二二三六[①] 高下花飛處 水二府蓮花 三月艷陽天

鶯聲春晝閑 塵中留不住 融和生宇宙

二四三七 水入犀牛角 極目高樓上 野火自燒山

龍蛇出海來 太陽天上天 禽飛井觔走

坐井觀天象 荷葉疊青錢 飛鷹思得兔

二五三八 明知八陣圖 鴛鴦水面風 反獲豈容嗟

荊棘凱風吹 春光重首〇 立地待行人

二六三九 枝頭烟一抹 何人落少年 長江空渺渺

玉免與金烏 芙蓉在秋江 江山千里外

二七四〇 東西任來往 風露已高聲 遇處可為家

剝果見花開 雨餘雲半飛 腐草化為螢

二八四一 時人逞爛熳 〇濟自東出 難於分明白

① 本書作者考訂，當為「二三三六」。

二九四二　玉壺無別物　氣情貞玉德　暗室偶逢燈
　　　　　赤蟻眾蜂屯　豐薄奇佳人　自然分明白

三〇四三　江梅開雪下　對鏡看青鸞　折梅逢驛使
　　　　　先報一枝春　光陰來不再　寄與隴頭人

三三三六　紅蓮依綠水　〇〇〇〇〇　枯魚時得水
　　　　　搖影動龍魚　〇〇〇〇〇　喜躍自無窮

二二三七　龍行蛇穴去　一枝林下竹　春雷自收聲
　　　　　飛雁遇風吹　難脫錦棚兒　蟄蟲從此振

二三三八　點火茂林頭　日月兩團圓　得弓無箭用
　　　　　猛風吹蔓草　天地應難曉　欲射不能為

二四三九　燭心作樑棟　日月願長明　朝霜逢暖日
　　　　　不假斧斤成　天地先來禱　立便減寒威

二五四〇　射隼[1]於高墉　寶釵金鏡裏　淺水內藏魚
　　　　　飛鳥已先散　重整舊家風　莫遂優悠性

① 編按：「準」疑當作「隼」。見《易・解・上六》：「公用射隼于高墉之上，獲之，无不利。」

二六四一

九州四海凶　若問好姻緣　鴉與人同群
舉目是我家　紅絲牽傀儡　吉凶還自異

二七四二

草際飛螢出　春山與秋水　中秋月夜明
火星流入西　幾度撚東風　何方不照耀

二八四三

方寸木不揣　○○○○○　片片○雲壑
可使高岑樓　○○○○○　難分始與終

二九四四

江山千里外　風損花枝折　清秋天宇闊
草木放精神　醫治待神仙　雁字寫長空

三三三八

三月艷陽景　朱顏枝上花　二龍爭一珠
一襟風月間　萬里雲空碧　一得還一失

二二三九

周流天地間　○○○○○　鷺鷥覺魚釣
還波水常性　○○○○○　昂頭須觀步

二三四〇

蒼湘湖水上　可惜花開處　風雲相會處
應有洞庭人　天公歎不常　平步上青天

二四四一　雪浪震天鼓　雪浪震天鼓　塞花紅日近
　　　　　扁舟在下行　扁舟水上行　迤邐有疏通

二五四二　掌中秋月扇　春風玉鏡臺　大鵬生六畜
　　　　　舉動好風生　莫落他人手　其羽可為儀

二六四三　流轉運元氣　水上種仙花　秋露既成珠
　　　　　陰陽有准繩　花開根未穩　團圓多不久

二七四四　兩羊排山崖　庭竹長尤孫　燕雀出巢來
　　　　　披烟看釣磯　歲寒風雪裏　自有飛騰志

二八四五　登山延木設　嫣婉〇宜求　蛇鼠正相觸
　　　　　桃吐洛陽花　難教霜點鬢　難道無兩活

三三四〇　一點浮雲翳　畫堂人散後　夜月望青天
　　　　　鴻羽逐風飛　燭影怕當風　悠悠生意緒

二二四一　舟放浪波翻　梅花迴出群　好禮富人家
　　　　　洞庭風送雁　清香自瀟洒　未若貧而樂

二三四二　華亭鳴鶴唳　井畔聽瑤琴　冬霖忽晴霽
　　　　　雲月出西山　知音且如此　有炊盡忻顏

二四四三　琴上掛田租　姻女乘龍去　池畔撫琴聲
　　　　　移人于河東　猶疑結子〇　遊魚已出聽

二五四四　虎兕出於押①　好生橫翠黛　戰勝頭歌回
　　　　　征夫不能行　曉露滴方環　論功先後處

二六四五　軒輅颺清風　烟柳弄輕風　廟郎重百器
　　　　　虛心皆自貫　垂絲繫白日　寶鼎玉居先

二七四六　乘舟渡日月　鷃鵡在金籠　野渡目逢舟
　　　　　天表厭烟波　聲嬌得自由　先勞而後豫

三三四二　岩畔青松樹　井上種仙花　鳳簫無孔竅
　　　　　根盤石上生　子結玲瓏蕊　何用奏韶音

二二四三　金波浸明月　芝蘭誰種得　■升被雲大
　　　　　雷電捧天香　還羨滿庭芳　時下暗光輝

① 編按：「押」疑當作「柙」，木刻本常見刻的誤刻情況。

二三四四　蜂釀百花酒　春歸當斷○　下和獻璞玉
其甘與世殊　梅子釀酸時　先辱後榮恩

二四四五　竹花開石上　琵琶江上曲　大風多拔木
結果不生笋　回首重堪悲　根本難兩留

二五四六　點火入九淵　花開桃岸雨　良田種松竹
匱中有龜玉　子結桂林霜　節操自盤根

二六四七　寸陰惟我惜　春園恣竹閑　風活浪自靜
稼穡為君愛　士女競光陰　過渡不為憂

三三四四　泰宇清明地　繩繩○在堂　夜雨正逢春
無言獨履霜　要接連天宇　宇宙生和氣

二二四五　雲電斗星見　齊大非吾偶　登樓眺望間
石路馬蹄輕　姻緣自己排　乘輿立千里

二三四六　北斗日中見　白壁一雙好　○○○○○
斯言傳古今　留心手內擎　○○○○○

二四四七
初生嫩松柏　○○○○○　○○○○○
栽向雪霜中　○○○○○　○○○○○

二五四八
惟我有用禾　秋月當空滿　決水東西流
一井供萬　雞鳴又向西　難定從彼勢

三三四六
茆屋蒿供祭　蕙帳共蘭房　笋生於林下
百神皆享之　春風與明月　長養自萌芽

二二四七
煙霞朝日食　綠衣緣自部　惟魚與熊羆
吾道不雷同　何用假黃裳　二者豈能兼

二三四八
去敲天上鼓　晚風留芍藥　背月登樓望
跣足履冰霜　須避築風臺　風生星斗移

二四四九
紅添綠減處　月娥留桂子　雞兒方出殼
烏啼三月天　圓缺又同晴　各自奔生成

三三四八
丘陵勢自殊　為問女佳人　機事不密成
井地分經界　春光能有幾　反遭其悔吝

二二四九　太歲屬木人　莫羨螽斯好　○○○○○
　　　　　厥德從風掩　青天露不宜　○○○○○

二三五○　天為蓬島屋　迷失從前路　遙望海漫漫
　　　　　風雲作錦屏　桃源尚可尋　不見蓬萊島

三三五○　邃屋密房間　好修清淨緣　園林過風處
　　　　　鳳凰在鼠穴　莫入風塵隊　草木自修然

二二五一　提劍北方起　百花蜂戀採　蓬萊須日見
　　　　　飛金雪嶺塵　勤苦為誰忙　遙望水漫漫

三三五二　雨漲長江急　天邊有明月　古鏡復重磨
　　　　　烟波萬頃潮　何處照人間　百金須有喜

河洛火部參評秘訣

	男命	女命	歲運
三三三一	宇宙世三才 乾坤猶未足	空中光焰出 調鼎事重新	食鼠有餱糧 大數皆前定
二二三二	卻將三尺竿 來作中流柱	喜鵲營巢久 鳩居忽變遷	急水補漏舟 狂波難砥柱
二三三三	天表霽虹見 風吹向洌泉	莫報東風急 好花春日開	倉庫鼠損處 小虧有大盈
二四三四	鳳簫無一竅 不用奏韶音	雖無金剉刀 解使琴弦斷	孤雲纔出嶺 ○去便無回
二五三五	盃水成海河 乾坤自我持	青天雷一聲 驚散梁間燕	紅塵百花處 蜂蝶兩交加

二六三六　田既□以井　龜鶴期高壽　三足鼎分時

　　　　　心寧安厥常　風光恐暗移　缺一尚不可

二七三七　穴居而野處　魚水百年間　扶梁憑短棹

　　　　　棟宇自清涼　錦鱗三十六　得渡過江東

三八三八　清波泛百川　出海珊瑚樹　呂公遇鍾離

　　　　　引出蓼浦澤　枝柯只自垂　得舟須變觀

二九三九　閑鎖芳亭月　身在寶瓶中　燕期秋社歸

　　　　　門扃細柳春　莫行金井畔　遙遙看初路

三〇四〇　一蟲生兩翅　麗日正芬芳　黃蜂與粉蝶

　　　　　飛入百花叢　春風吹綠柳　撩亮百花叢

■■■■①　拱杷之桐梓　孤舟流水急　工師得大木

　　　　　斫為棟樑材　〇向溪灘〇　必去勝其任

三二四二　田獵在高山　春風花始開　良馬羈其足

　　　　　邇麟棄麋鹿　枝頭慳結子　百鞭難難進

① 編按：本書作者據起例，補作「三一四一」。

三三三三

秋天霖雨集　玉樹好移根　輕舟將過浪
平地水中行　東風終結子　一喜一憂驚

二二三四

獨將一葉舟　丁香連豆蔻　燈光夜結花
去向桃花浪　結果玉梢頭　喜兆先期報

二三三五

金錢買松竹　○○○○○　道途皆平坦
白雲深處栽　○○○○○　涉履更何憂

二四三六

燭與月爭光　寶瑟十三絃　舟行得水脉
飛空天上絮　更張韻更清　波浪不為憂

二五三七

壁上畫山水　春風應轉蕙　過江反思飲
四時維如一　秋水有明珠　臨渡卻思回

二六三八

鐵船再江水　秋月來天上　老驥強伏櫪
船內有魚遊　清光照世間　志在遠方遊

二七三九

冬生秦嶺上　金石兼盟好　捕禽與得兔
蘭蕙出蓬蒿　光陰自短長　凡事無心出

二八四〇
律己非繩尺　寢寐將何倚　百花開爛熳
修身無斧斤　雌雄在河洲　蜂蝶戲春園

二九四一
九年禹洪水　親親人未久　銅壺并滴漏
七載湯亢陽　重整舊家風　一定不由人

三〇四二
舟停綠水上　寒梅空自白　秋天淨如洗
鴈字寫長空　芳草為誰新　鴈字寫長空

三一四三
飯糗猶茹草　前生緣分定　深潭尤自躍
被袗衣鼓琴　虛度幾重山　變化得其時

三三三五
廣寒深邃處　東君休嘆老　神仙居洞府
凜凜扇寒風　花謝又還生　欲括世榮枯

二二三六
晝間人秉燭　夫人神氣定　入山去採木
直入洞房中　綽有林下風　自可求良匠

二三三七
蓬萊隔弱水　〇〇〇〇〇　風急水漫漫
子女生舟中　〇〇〇〇〇　不見蓬萊島

二四三八　麥秋天氣到　烏[1]鵲駕天橋　鼎中兼有物
燕語畫梁頭　佳賓莫空負　濟事目無虧

二五三九　鳩影淚秋塘　有鹿自銜花　寶劍試重磨
月中星斗見　無猿雖[2]獻果　光芒須復現

二六四〇　椒花守歲除　滌器有長才　塞雁偶失群
剝棗已先爛　玉容何惜整　難期排陣序

二七四一　天地我屋宇　莫誇魚水樂　李下去彈冠
坎離為戶庭　提防泛柏舟　目可生疑慮

二八四二　影浸秋波下　花開春正好　呢喃雙紫燕
聲傳空谷中　人不在長安　春日自融和

二九四三　霓裳羽衣曲　紅蓮開水面　春燕日爭巢
不鼓缶而歌　青草怕飛霜　須分前後至

① 編按：據上文下理，「烏」疑當為「鳥」。

② 編按：據上文下理，「雖」疑當為「誰」或「難」。

三〇四四　青天一輪月　長天月一鉤　旱苗逢時雨

　　　　　却向五更出　却向五更出　秀實得其宜

三三三七　鯤浪上扁舟　瓜葛本相連　雞雖將出聲

　　　　　縱橫隨波動　荊棘何勞爾　五德有鳴期

二二三八　泥橋逢雨雪　玉容那改移　旱枯并水竭

　　　　　淺水釣金鱗　只愁花鸞鏡　魚鱉豈容身

二三三九　連峰接雲漢　秋風麗日中　負鼎去三場

　　　　　秋月照空山　蜂恨花鬚落　遂成湯天下

二四四〇　飲泉流脉乾　江梅花正開　青天闊萬里

　　　　　將見水中月　春色風中度　月皎鵲驚飛

二五四一　月宮吾欲往　無根卻有根　〇掛在高山

　　　　　摘草作天梯　結果難為果　大用須成器

二六四二　鳳德幽深遠　薺甘與苦茶　曲直自從繩

　　　　　駒陰過玉臺　却在下場頭　正直元須取

二七四三　巫山十二峰　天上神仙女　意欲搆舟子
　　　　　不與凡人上　人間富貴家　□□□□濟

二八四四　海棠花爛熳　父子聚嘻嘻　將薪去傳火
　　　　　獨立雨中看　風光保無恙　立便見煙成

二九四五　流水下高山　日月有陰晦　運籌帷幄中
　　　　　孰能相止遏　求賢難獨難　決勝千里外

二三三九[①]　燕下鳳凰臺　居柔卻用剛　一蟲生兩翅
　　　　　江山活計中　剛柔能既濟　飛入百花叢

二三四〇　煙焰逐浮雲　鳳凰飛去後　燥火助太陽
　　　　　月明金井地　明月見光輝　青天雲斂盡

二三四一　開樽乘月夜　綺羅媚春風　對景邀明月
　　　　　曲水暗中流　好花容易過　盃中酒不空

二四四二　太白騎龍馬　天邊瑞氣凝　狂風吹殘燭
　　　　　禹門波浪乾　牡丹花露溼　光陰誠難住

① 本書作者考訂，當為「三三三九」。

二五四三　日本眾陽主　曉風殘月影　田獵無一禽
三更避斗牛　別為一枝香　徒勞費鴛鴦

二六四四　萬里迢迢路　斜陽人喚渡　九月去登高
旁溪曲徑通　流水泛天涯　福中還發福

二七四五　花發向波心　菡萏波中泛　能任成大器
天香施水面　鴛鴦水面遊　負鼎去千湯

二八四六　秋色來天上　香蘭終月滿　風雲三吐哺
寒光到世間　桂子落秋風　盡禮詩〇賢

三三四一[①]　牡丹花樹下　蜂蝶怕春寒　狂蛟來憾草
蜂蝶結雲屯　好花風裏過　節操自然端

二三四二　春晝玉壺間　海棠花正發　百花開似錦
桃花芳草陌　惆悵五更風　春日自融和

二三四三　蚍蜉生兩翅　海棠春正發　遺刀還得劍
飛向九重天　夜雨溼胭脂　見喜有其年

① 本書作者考訂，當為「三三四一」。

二四四四

避害以趨利　出水珊瑚樹　一雨過三千

虹霓作渡橋　春風費力栽　青山峰色好

二五四五

太虛中大廈　花果修緣好　海水自生彩

鴛瓦接青霄　葫蘆水上浮　優悠星火炎

二六四六

躬行於萬境　夫唱婦相隨　如人初食蔗

聲色在吾為　永終在謀始　自尾及其頭

二七四七

螟蛉入蜂巢　失葉怕春風　鶯雛初出谷

得見蜂王面　吹破桃李萼　飛羽自欹斜

三三四三

春深花卉發　玉樓防失足　巨魚跳龍門

細柳為誰青　金菊暗傷情　須憑三尺浪

二二四四

榴花枝上火　風雨雞鳴夜　百煉忘真金

風動擬空燒　春風欲暮時　自然添火力

二三四五

南柯鸞鳳立　蜂釀百花酒　青山纔雨過

天表景星行　其甘與世殊　清興逸無窮

二四四六　御海一紅葉　二六巫山遠　深山藏日久
　　　　　流水出深宮　朝雲何處飛　威勢自英雄

二五四七　浮舟上急水　河東獅子吼　雲收兼霧散
　　　　　飛躍多鳶魚　好事歎難完　萬里見晴光

二六四八　八維內寒暑　一家人盡喜　草廬三顧問
　　　　　其端自我持　隄防井上安　明良相濟遇

三三四五　道是無形器　參昴正當天　鬼佛兩同途
　　　　　四時萬物生　江月半分破　善惡皆相懼

二二四六　背水相傳信　黃花晚節香　有雷無雨下
　　　　　行看花影風　老圃見秋色　旱處可憂煎

二三四七　大海變桑田　四月正東上　美玉未分明
　　　　　宏開日月落　皎潔又西墜　逞光挑隋蔭

二四四八　積雪待來年　飛雪上梅花　古鏡又重磨
　　　　　雲開逢暖日　沛雲開暖日　終是顏先在

二五四九
持刀破魚腹　雙飛鸞鳳曲　伯夷君子節
珍異在其中　莫道怨知音　自不改初終

三三四七
鴻毛草上飛　天寒雁影孤　萬里迢迢路
陰陽互寒暑　月落銷金帳　旁溪曲徑通

二二四八
足蹬雲霄上　○○○○○　雀羽喜當生
蓬人弱水流　○○○○○　摩空須有漸

二三四九
暴虎以馮河　瑤池人宴後　太公未遇時
矻然為砥柱　明月夜空寒　日釣渭江邊

二四五〇
渭水有肥魚　花開難結實　停帆順風後
竿頭無釣餌　策杖且扶身　躁進恐成憂

二三四九[1]
紀綱吾掌上　夫征與婦育　孤舟如遇浪
網漏吞舟魚　天際一浮雲　險阻謹隄防

二二五〇
舉足達紫薇　蟠桃花未實　為祥不為災
梅花隨雲墮　不用怨東風　得名兼得利

① 本書作者考訂，當為「三三四九」。

二三五一　西風送行色　琴彈廣陵散　長蛇自退皮

　　　　　斜日照丹墀　無語怨黃昏　勞神并改性

三三五一　彤弓架朱箭　福星雖燦爛　花門逢〇〇

　　　　　用射石麒麟　孤星也照臨　多不滅芸香

二二五二　梁園花木綻　積木起高樓　藥變損丹鑪

　　　　　東苑徹金風　風月事分破　神空已度設

二三五三①　御溝流不盡　琴彈山水曲　斜日欲流西

　　　　　水脉到甘泉　曲曲自知音　光輝已先散

① 本書作者考訂，當為「三三五三」。

河洛木部參評秘訣

	男命	女命	歲運
三三〇五	雲霞文發散	魚向水中游	飛花自騰遠
	舞動錦飛鸞	須防天降旱	不須風雨翻
二二〇六	洞庭風葉舞	鷗鷺泛江天	來之於規矩
	撫手上南山	不與蛟龍竝	自可取方圓
二三〇七	身坐乾坤甑	休彈恒上箏	佯狂並設詐
	自知炎暑威	莫娶桑間女	苟有見災危
二四〇八	水銀鏄鑄鼎	鸚鵡尚聲嬌	織錦停機杼
	日月煮黃粱	佳人空自老	杼機邊看錦花
二五〇九	微漲天河流	夕陽無限好	■井遇泉枯
	冬江雪浪起	爭奈易黃昏	何由得濟渴
二六一〇	金城千里地	春暮飛花急	夢魂千里遠
	舉目望征人	暗隨流水邊	空怨離恨多

二七一一
木牛出祁山　冬天暖似春　春蘭與秋蕙
流馬入斜谷　江梅花正吐　各自及時香

二八一二
強瀾既四倒　姻緣同比翼　雷聲纔出地
地道有常經　風送上天去　遠近自然驚

二九一三
秋月照寒冰　風吹香夢醒　蕭何定律法
飛雁落沙汀　天暝子規啼　輕重自分明

三〇一四
鵲巢高樹上　冷淡是生涯　桃花三月景
風雨絕塵埃　何須花簇簇　百草一齊新

三一一五
趙人兼晉璧　活計水中萍　登高〇〇〇
歡時起利心　姻緣風裏絮　傳命探梅花

三二一六
梭擲錦機中　天長地久時　浮雲將蔽日
花紋隨後起　只怕多風雨　先暗後光明

三三〇七
椿松在槐棘　春閨人夢斷　明鏡自當臺
月色染雲霓　明月又當前　何憂不昭燭

二二〇八
木人逢此地　雨餘天欲霽　藍橋玉壺〇
平步上青雲　江上好峰青　鴛鴦解鳴雨

二三〇九
漏水自天漿　玉盃出清淡　鑿井得甘泉
八方皆可去　龍蛇多爭室　源源自流出

二四一〇
牡丹花影中　池中多污泥　走馬過危橋
走馬弓弦上　忽出蓮花新　不道成惆悵

二五一一
東山有人麥　高木蟬聲噪　舉足蹈紫微
生向雪霜中　安知紅樹秋　青雲生平地

二六一二
蠶營簇上繭　神仙不用求　抱薪就火燃
宛轉吐絲綸　自有桃源路　謹當慎自主

二七一三
掌火焚山澤　白髮喜相逢　鶯籠才得出
連天草木除　齊眉并舉案　飛動有其時

二八一四
萬籟清風裏　一聲秋夜雷　雙燕巢樑間
吹簫秋月明　明月落誰家　呢喃自相語

二九一五　舉目仰天人　紅蓮初出水　驪珠將照水
　　　　　用除三伏暑　春草怕飛霜　光耀自如然

三〇一六　水影照天文　片雲天外飛　方見雲中月
　　　　　森羅成萬象　自牖看天心　咫尺天顏近

三二一七①　子產畜生魚　萬里白雲遶　守株而待兔
　　　　　校人得烹食　江南日暮春　空滯好光陰

三三〇九　牛溲馬渤功　此木非尋常　喜生不測處
　　　　　不假金丹術　堪作高堂室　枯木再逢春

二三一〇　芳枝開月下　深園空夜月　流水與高山
　　　　　秋葉舞春風　琴調幾知音　自有真佳趣

二三一一　當道雪中草　利器手中持　車無輗與軏
　　　　　青蛇用蔽身　消息長無苦　其何以行路

二四一二　玉蕊凝絲竹　還解〇香祝　玉兔東方山
　　　　　蟾宮火上山　清虛度化生　夕陽留彩紅

①　本書作者考訂，當為「三一一七」

二五一三

花蕖暗水流　風蒲美轉定　海岸繫孤舟
出沒世難識　能化青蛇劍　何須憂浪竭

二六一四

攘臂取珊瑚　鸞鳳引鄒飛　涇渭分流處
擊破生鐵柱　只緣多兒戲　一濁一清源

二七一五

假山生柳桂　種出無方藥　風雨栽培處
秋月散金花　方知造化神　可待長萌菜

二八一六

冰霜得令節　芳草正連天　倒把龍泉劍
以候■陰陽　那看黃梅雨　叉手空相傷

二九一七

江上一犁雨　月兔夜光圓　風生浪不靜
芳菲起淡煙　向晚金烏出　未可息憂懷

三〇一八

溪養浮萍草　雞棲生鳳子　欲求魚與兔
流芳自吐奇　回首隔塵埃　須用得簽蹄

三三一一

朔風從北起　芝蘭出蓬蒿　金堂步紫微
冰鑒照青天　莫染花間塵　玉殿生芳草

二二一二

分慶誕辰中　水邊多綠草　舉盃邀明月

花下人相顧　翠竹喜相逢　花下人相覷

二三一四①

禹門波浪急　日口任東風　○○○○○

冬月井中魚　女子貞不字　○○○○○

二四一四

瓦冷霜華重　豈料狂風惡　準定用權行

飛灰葭管中　花開落嫩紅　輕重當自取

二五一五

騎牛逐麋鹿　木非凡水比　龍蛇爭一室

前程路不迷　可用作門楣　飛向百花叢

二六一六

斗秤皆均物　流鶯語燕嬌　風過大林中

權衡有萬殊　日暮花飛雨　草木皆迴偃

二七一七

柳線繫春光　傳言桃李春　鵲噪喜白日

暮天色已定　為惜桑樹是　信通心更切

二八一八

掌上握風雲　蘭房花正開　閑人風送遠

前生已先定　門悵人如玉　正醒心自樂

① 本書作者考訂，當為「三一一三」。

二九一九

駕屋橋梁上　寒人下秋天　月白與風清
依山又帶河　連芳溼五彩　因斯知有待

三三一三

景星移北陸　雲雨歸何處　晝行人秉燭
熒惑出南宮　巫山十二峰　直入洞房中

二二一四

牡丹花影中　月之長大照　桂枝花下影
靈清海棠溼　片人天外遮　秋月弄金風

二三一五

多少魚蝦出　紅梅映蒼竹　久晦遇晴明
波流天日紅　惟大歲寒情　已慰眾人望

二四一六

金烏未出海　莫恨花飛急　金烏拜玉兔
玉兔已先沉　枝頭子漸垂　各自列東西

二五一七

金魚溝內躍　玉雲荷盤裏　舟行望峰移
風動紙鳶飛　瓊珠碎碎圓　自生疑惑虎①

二六一八

身自攜筐去　○○○○○　燈火夜結花
憂勤等採薇　○○○○○　喜信必須得

① 編按：據上文下理，「虎」疑當為「處」。

二七一九　夜寢遊仙夢　江水映秋風　穴居而野處
　　　　　通靈各有神　水落花去速　棟宇自接涼

二八二〇　清淡梧桐樹　鶯花三月景　陸行如推車
　　　　　風搖金井間　天氣又重新　是以常自苦

三三一五　荏苒風霜至　上林花正發　自我來西郊
　　　　　竹梅花自開　只恐起東風　密雲空不雨

二二一六　萬里桑麻地　春花太逼人　幸結殘花實
　　　　　魚龍相約侵　蝶向誰家宿　喜生枯樹枝

二三一七　江漾南山影　姚黃并魏紫　鴛鴦宿地[①]塘
　　　　　雁從雲外飛　相遇五更風　姻緣自相守

二四一八　地軸天輪轉　採蓮曲未終　紅芳看滿地
　　　　　壺中日月長　扁舟空蕩漾　蜂蝶遶花叢

二五一九　能開頃刻花　要祝花宜壽　遇水得逢橋
　　　　　結果不能食　須求菊蕊仙　憂心俱什然

① 編按：據上文下理，「地」疑當為「池」。

二六二〇
碧落出烏輪　難許自由身　○○○○○
眾星拱北斗　是心難飛走　○○○○○

二七二一
雷是震天鼓　金盃休覆水　行人立渡頭
青天無片雲　琴瑟再調弦　待船空已久

三三一七
泉源并土脉　菱花空谷響　視形頻把鏡
雨露作根基　桂子落重川　內外不相同

二三一八
採山堪茹美　斑扇重狂風　有矢恨無弓
釣水鱷魚藏　安如炎暑退　先階後須放

二三一九
木筆寫青天　杏花須自紅　黃蜂採蜜成
硯內龍蛇動　葑菲定不美　久後誰甘苦

二四二〇
仗劍斷鼇足　枝頭春玉李　箭射南山虎
鴻飛荒野山　一朵綻先紅　仗劍斬龍蛇

二五二一
把扇作飛簾　○○○○○　寶劍藏深匣
糞塵咸席捲　○○○○○　光芒不等閒

二六二三　八荒惟我室　娥眉月圓缺　游魚戲薪荷
　　　　　變動體無常　桂子漫傳香　在沼樂其樂

三三一九　萬里有循環　錦繡藹春閨　紅芳成艷色
　　　　　陰陽無久駐　梧桐在金井　俱起動花心

二二二〇　惟斯屬木人　雪裏出梅花　錯節與盤根
　　　　　水清在陰地　猶待春風至　自然別利器

二三三一　尋釣夢春澤　暮去更朝來　花開向波心
　　　　　投身北海間　春花幾芳馥　天香施紅味

二四二三　東海植扶桑　天外雁聲孤　萬里迢迢路
　　　　　西海載弱水　喚醒佳人夢　徑行不見踪

二五二三　蛇鬬鄭門中　把鏡稱月影　斛水用藏龍
　　　　　廣陵盟亦載　朱顏渾未改　淹回其雲氣

三三二一　井上有綠李　花開向春晚　野猴啼夜月
　　　　　鹽梅氣味同　花謝果還稀　衰草更逢春

二二二三　紅波推畫舫　江上月清明　大廈與高堂
　　　　　綠棹逐蛇龍　金鞭何處去　燕雀生成就

二三二三　三月無根柳　梨花滿院香　陽春三月景
　　　　　空中舞柳花　莫收春帶雨　柳絮滿天飛

二四二四　波中生日月　蜾蠃負螟蛉　杏花雨濛濛
　　　　　鏡底見乾坤　新枝發舊花　喜獲人〇犁

三三二三　將燈入洞坐　水畔插垂楊　線斷釣沉底
　　　　　洞裏有輕風　孫陽黃金屋　深嗟不已情

二二二四　滹沱冰雪飛　鑿池通流水　藍關逢雪擁
　　　　　足踪履冰跡　開闢天外風　駿馬不能行

二三二五　蓮花隨步起　芳草碧連天　羝羊觸其角
　　　　　風雨過池塘　塵〇臨絃索　何苦自傷殘

三三二五　斧柄在我手　水邊佳會處　駕箭與彎弓
　　　　　山行隨意行　休唱阿奴嬌　偶射須百中

二二二六　四境風雲起　四野風煙暝　斲輪將有就

金烏照太空　飛花落燕泥　乘鸞在當時

三三二七　地形接霄壤　風煙欲暝天　○○○○○

在下有星辰　日暮江南樹　○○○○○

	男命	女命	歲運
三三〇六	鶴在白雲棲	花開花上花	鴻鵠丈夫志
	鴟鴞不翔舉	風起風中絮	豈能知歲雀
二二〇七	白雲隨月出	李桃貪結子	日出自扶桑
	引領拜丹墀	莫恨五更風	眾人皆仰視
二三〇八	大樹蜉蝣撼	銀燭照紅粧	燕雀雨間飛
	精神百怪通	莫遣佳人睡	一生遇一死
二四〇九	花鈿委地中	水面群鷗浴	枯木經春發
	沙暖見春雲	風來浪拍天	憂老遇孤霜
二五一〇	梧桐金井上	生來在塵中	洞門無鎖鑰
	枝葉接松筠	不作塵中人	便是一閒人
二六一一	鐘聲徹萬里	人間喜夢覺	琴瑟絃忽斷
	食後上樓敲	孤月又當空	難便正音傳

二七一二
下漏在軍門　玉簫聲未斷　籠鸚雖巧語
日中留客飲　重結好姻緣　猶自被羈縻

二八一三
井井浮陽氣　夜雨滴梧桐　當逢千尋木
新田禾黍繁　春風損桃李　折令遇其時

二九一四
猶苑溝渠裏　紅葉有前緣　寒犬吠明月
翩翩一點紅　水流何太急　空自賈情懷

三〇一五
兩曜循天地　黃菊有佳色　雷是震天鼓
五星惟順纏　秋光何太遲　青天無片雲

三一一六
千駟馬弗視　管絃醉春風　舟行帆自捲
甘心惟步行　何如枯冷淡　欲進路無由

三二一七
桑麻天地產　奈有仙風骨　一箭射胸中
不必問耕桑　壺中日月間　萬事能假從

三三〇八
草木年年改　枯楊生綠柳　針鏡未曾入
山河竟自如　雪裏自陽春　暫時生塵垢

二二〇九　金命既如此　欲指神仙路　冒暑去投林
天花桂影風　雲山幾萬重　當途風少息
二三一〇　舉箭射青天　春日種梅花　月明與星稀
月淡風稀候　秋風生桂枝　烏鵲南飛起
二四一一　酒罷醉和風　福祿從天降　遨遊成秀地
蛾眉山土色　■求保自生　不覺日平西
二五一二　丹崖萬仞高　秋風動桂枝　停帆遇順風
中有蜉蝣上　桂子應難有　千里終須到
二六一三　麾蓋漾虛空　兔絲負女蘿　虎落在穽中
白雲深處出　躔錦成一家　地偶難迴避
二七一四　九河循故道　桑麻深雨露　渴時須飲水
蚯蚓遶山行　桃李正芳菲　臨井又無泉
二八一五　高枝投宿鳥　風月宴年年　曉日離雲陣
廣廈上林燕　更闌人散後　寒威漸漸分

二九一六

扁舟過夏口　君子期偕老　子期逢伯牙
赤壁火燒天　江山逝若川　正是好知音

三〇一七

桂林無雨露　雙燕春風暖　月被烏雲掩
山澤有雷風　孤鴻落日斜　光明暫一時

三一一八

寶鏡當空照　庭前有丹桂　胸奴降蘇鉞
光明人自知　肌膚帶天香　漢節不能屈

三三一〇

貓鼠祟墉上　青春花不發　憂辱無所怨
安居備不虞　冬嶺伴蒼松　安居且慮危

二二一一

重重又重重　鴛鴦飛水面　琴瑟忽斷絃
好彈無絃琴　花落又花新　便不同音韻

二三一二

將火照明月　自有好姻緣　風吹水上萍
浮雲一點無　至識今日鏡　東西任來去

二四一三

都門千餘里　東園花易開　投身向弱水
城闕煙生塵　西園果先熟　剖蚌取明珠

二五一四

蝴蝶在林中　吹簫人去後　上陣長鎗遇
採花為麴糵　仙境又重登　前途須我約

二六一五

嵬嵬數仞牆　當生金不多　木生毫末間
不得其門入　誰知來路難　從微須至著

二七一六

芝草穿珍珠　竝蒂雙蓮出　織女未乘機
玉堂高掛地　風光共一家　精神自頻緒

二八一七

藻芹離泮水　着意栽桃李　和風吹折柳
爐火熱明香　須防困蒺藜　光景與天同

二九一八

日照雪中山　春花方競秀　寒鴉終夜噪
銀河波自起　夏日又成陰　恍惚有驚疑

三〇一九

綺羅裁剪下　更深玉漏殘　大匠欲斲輪
一線逐針行　月裏嫦娥去　勞費繩與尺

三三一二

孤軍臨大敵　寒梅空自白　和羹用鹽梅
剖竹可分符　芳草為誰青　苦旱用霖雨

二二一三　辰卯從革人　短長由自己　水映于[1]江月

　　　　　玉殿生芳草　苦樂在他人　山含萬木春

二三一四　山上水仙花　蓮花綠木香　丹崖萬仞高

　　　　　非是江河養　莫怨秋風早　中有蜉蝣上

二四一五　楓葉蘆花岸　嬌鶯細柳中　急浪自呼舟

　　　　　滿江秋月明　春暮多風雨　求濟何時脫

二五一六　四方風一動　綠柳正搖風　東鄰殺牛時

　　　　　古木自縱橫　雪花飛天上　不如西禴祭

二六一七　衣裳藏在笥　紅葉手中持　月內一蟾蜍

　　　　　鎖鑰不相投　春殘花未開　影收光又散

二七一八　雨經風作緯　鳳飛鸞亦飛　急浪回晚棹

　　　　　欲織一機羅　雞鳴子正和　進退自徘徊

二八一九　糞土築城牆　明月逐人來　黃蜂作蜜後

　　　　　使人高數仞　風塵隨馬去　己苦別人甜

① 編按：據上文下理，「于」疑當為「干」。

二九二〇
井給莫西井　青繩曾係足　門其造處士

三三一四
舟行載日光　何事〇伐柯　取舍在人間

二二一五
棹舟過倉海　蕙蘭花一處　蕙蘭花一處

二三一六
風雲生八荒　各自逞馨香　各自逞馨香

二四一七
青天江海流　斷雲殘雨後　無根三月柳

二五一八
前定事如是　缺月又重輝　花絮滿天飛

二六一九
月明春水滿　飲泉風吹美　玄豹變成虎
四面八方流　不覺浪花番　喜意自非常
□風疏落葉　萬木怕秋風　〇〇〇〇〇
趙壁保珊瑚　桂獨一枝花　〇〇〇〇〇
因赴武陵約　繡帶綰春羅　吞釣魚上鉤
桃花逐水流　塵滿菱花鏡　沉機大小〇
壺口孟津間　鏡裏花顏改　祥日頻曉日
冀州先載水　枝頭果未圓　輪轉有祥光

二七二〇

夜寢遊仙夢　莫訝今朝景　有舟無棹處
通靈各有神　修緣好閑空　過渡有憂疑

二八二一

挾山超北海　昔日青天上　電光爍秋月
緣木以求魚　風光再主持　方寸自生疑

三三一六

斗柄橫雲漢　東風纔得意　竹笋已抽簪
西山曉月侵　夜月改梨花　成林自有日

二二一七

細柳新蒲綠　兼織迴紋錦　蜂蝶競爭雄
夕陽流彩紅　重圓月影光　可存芳樹上

二三一八

斗牛星會處　紫穗吐奇方　魚潛水上藻
蘭麝自馨香　光陰逐流水　思躍有其時

二四一九

魚鳧在虎穴　嫩笋出階前　鎔金欲鑄印
鸞鳳宿花叢　楊花飛滿院　成用有其時

二五二〇

輟來不耕莘　前定四時春　旅食在他鄉
行車遇霖雨　只怕東風惡　何時歸本地

二六二一

明堂空谷中　斷橋流水急　苦求藥用之
不納三伏暑　準擬上扁舟　於人又何咎

二七二三

舟下急流中　屏間金孔雀　刀箭既相怨
山陰不可去　那個是前緣　此心懷一快

三三一八

織女機上梭　雖不是丁蘭　高堂懷棟樑
往來同日月　刻木也成形　架椽無所靳

二三一九

神仙居洞府　玄霜誰搗就　斗牛星會處
欲活爛柯棋　只恐又姻緣　蘭麝自馨香

二三三〇

竹影連山影　芙蓉秋夜花　明月三盃酒
松聲間水聲　莫怨東風錯　清風一曲琴

二四二一

青天蜀道難　祿馬度前橋　劍斬長橋蛟
背劍跳雲棧　須還跳井口　箭射白額虎

二五二三

青天如水淨　水面宿鴛鴦　大旱望雲霓
旱魃化雲霓　鳳凰那時出　沛然天下雨

二六二三
心是無星秤　箕帚自相當　多禽見鷹鷂
均同一氣形　瓦璋猶未定　不測自刑傷

三三二〇
松柏悉茲漫　綠顏流水急　大冶可陶金
丹青石上□　誰念百花新　必定成金器

二二二一
積雪遇和日　可惜花開處　臨春花柳香
池塘春草生　風光歎不常　好遂追遊世

二三二二
楊竿釣渭水　種樹於途邊　白頭為釣叟
忍恥向淮陰　行人受綠陰　晚節遇文王

二四二三
金風西嶺月　天地無憑準　烏江不可渡
光錟射楊花　空餘燕子樓　患害豈非常

二五二四
草作擎天柱　望月伴嫦娥　淡雲來掩日
難當盛暑風　只空浮雲翳　殘雲暫收光

三三二二
圭田如玉潔　自得操持手　於斯有美玉
一點不生塵　何須男子為　求善價沽諸

三二二三① 天河玉浪起 天台劉阮遇 莫望紅塵遠
爭奮鴻鴈飛 時景又雲飛 出門天地寬

二三二四 擊柝重門外 佳人天上月 錦機梭過處
機邊看錦花 圓缺照誰家 隨即起波紋

二四二五 假山中草木 天邊有明月 春水初泮處
鳥獸豈容藏 何處照人間 任便戲新魚

三三二四 大道藏無極 金多必有傷 殺雞煩鼠約
鴻濛隱八維 及早修緣事 忠信自無疑

二二二五 月華透梅雪 殘燈十空月 花渠暗水流
水淨見山陰 爭奈五更長 出沒世難測

二三二六 形畫麒麟閣 孤猿枝上啼 陽氣喜初生
毫端爭一莖 明月空中落 萌芽將復展

三三二六 牽牛過堂下 仙壇與佛塔 大旱望雲露
問是梁惠王 功果好修為 青天空霹靂

① 本書作者考訂，當為「二二二三」。

二三二七　風行江上去　古稱朱陳村　○○○○○

松竹竟爭春　只恐花難老　○○○○○

三三二八　吾身何踐履　畫堂春正濃　社燕自營巢

天外有烟霞　楊柳輕飄絮　不安期得便

	男命	女命	歲運
三三五七	蜘蛛結網羅	天邊有彩鸞	臨淵空羨魚
	箭射空中雨	風舉乘雲路	取舍難為事
二二五八	蓬蒿棲鳳凰	臘日消殘雪	涼風並水閣
	瞻望隨堤柳	紅杏又着花	散髮又披襟
二三五九	龍門舟未出	紫燕營新巢	梨園遇猴宿
	蚯蚓載坤輿	呢喃又無水	果熟不能有
二四六〇	桃李浮瓜景	孤帆太湖遠	再磨龍劍用
	廣寒宮似冰	休上望夫山	銳氣徹青空
二五六一	投身向弱水	柳絮舞春風	春柳發萌芽
	剖蚌取明珠	晴雲番暮雨	濃陰堪待暑
二六六二	置郵符馹使	莫待塵緣結	旅懷千里遠
	傳命折梅花	皈依好向空	日暮急奔程

二七六三

廣寒宮枕簟　藤羅引高松　彎弓兼得箭

內有風雪生　陰陽調呂律　際遇莫遲躕

二八六四

蝴蝶夢方目　玉女逢佳偶　築壇來拜將

尋花天上去　天風吹珮環　萬世好名揚

二九六五

牆外生斑竹　換葉移根樹　陽春三月景

莖長接上蒼　花開子未圓　桃李自芬芳

三〇六六

魚鹽版築人　一疋紅綾好　曲木轉形影

心志自先苦　春風幾度求　運動影隨身

三一六七

山徑之蹊間　香草出河邊　鵲巢鳩打破

介然用成路　寂寞春歸晚　有始卻無終

三二六八

河洛出圖書　春光沸管弦　笙歌頻聒聒

伏羲不再畫　秋風換羅綺　自可樂歡顏

三三五九

萬里長城去　香盟於山嶽　梨園遇猴宿

黃河猶舊流　未信晴雲輕　果熟不能存

二二六〇　大旱望雲霓　風烟隔明鏡　萬物原於天
清霄隔風阻　膏沐為誰容　密雲渾不雨

二三六一　風吹海水動　桃花人面去　寒光有重焰
巨蟹四方游　黃菊又三秋　從此再回生

二四六二　四海塵埃起　花落東流水　○○○○○
隨風蔽九天　高堂望杏紅　○○○○○

二五六三　對月登樓望　妙手連環解　日暮強奔程
風生星斗移　姻緣事不由　狂走途還失

二六六四　壺頭山上鼓　氣味芝蘭美　龍吟深大澤
終日伏波聞　光陰日月行　逸樂有其之

二七六五　獨舞菖蒲劍　風山花零落　雄雞齊唱曉
三軍不可當　春風趁馬啼　曙色未分明

二八六六　燕期秋社中　月中丹桂子　大寒將索裘
遙指神仙路　開時待秋風　已失先期備

二九六七　身在青雲裏　天地春風裏　春遊時得喜
　　　　　天街我獨行　江山夕照中　駿馬自馳驅

三〇六八　旱天逢雨集　○○○○○　虎鹿圖一雀
　　　　　溝澮自皆盈　○○○○○　一悲還一喜

三一六九　衆逐虎負嵎　重重天色晚　猛虎依平林
　　　　　攘臂下車搏　何處彩雲飛　收威並失勢

三三六一　江心秋月色　竊香人去後　猛虎居山巖
　　　　　魚隱在心中　月色又黃昏　前凶而後吉

二三六二　竹叢蜂蝶聚　暴虎馮河婦　正當駿馬時
　　　　　落葉露珠傾　如何樂濟剛　情懷難自捲

二三六三　白日片雲收　薰風吹石榴　田獵而獲禽
　　　　　青天一點雪　秋風破酸子　自知得如願

二四六四　蔓草與長松　姻緣竟若無　瑞雲飛出洞
　　　　　遠看同一色　浮雲落流水　聚散不為常

二五六五　正當三伏暑　目斷楚天空　杏花紅十里
晝寢覆青氈　星河何處覓　歸去馬如飛

二六六六　豫州城似鐵　汀蘭井岸芷　大廈要扶持
強弩不能穿　泛〇奉浮家　誠然非一本

二七六七　天漢彩雲橫　花開幾度春　眾棹若扶持
斗牛星不動　日月應難光　一時須得渡

二八六八　南畝金城外　龍鳳喜同巢　蜂蝶戲春深
一鞭風月清　乾坤風景異　先益而後損

二九六九　三月清明節　黃鶯出空谷　舉足傾天河
桃源不老春　燕采落花泥　用除三伏暑

三〇七〇　王事不敢廢　桃花逐水流　春天喜勝遊
抽矢抽車輪　空鎖武陵春　冬日真可愛

三三六三　九穗嘉禾起吳江風月清　南國有佳人花影空中霧　魚龍在釣餌志樂在其中

二二六四　古道多芳草　芙蓉不怕霜　夜光流星落
武陵花自紅　霜裏好開花　中心亦可憂

二三六五

虹霓射日光　一曲神仙〇　青天當午日
五彩空中散　聞風吹別調　迤運有藏雲

二四六六

身登竹葉舟　機錦織成花　子房遇黃石
更不假篙楫　未許金刀剪　受履顯光榮

二五六七

高山雨露深　賞花人散後　春遊知得意
一人騎虎至　金勒馬嘶風　信步自忘勞

二六六八

白日青天裏　春光媚華堂　未雨時先雨
東方出五星　秋月照穹空　陰雨空密佈

二七六九

桃浪江深處　霜風似刀劍　田獵出無心
蛇從螃蟹行　砍斷飛鴛侶　捕禽而得兔

二八七〇

歲寒知松柏　〇〇〇〇〇　初生新出月
猶自藹柔芽　〇〇〇〇〇　皎白有明時

二九七一

嫦娥會月宮　〇〇有佳人　琴瑟不調和
鏡照紅顏改　青鏡朱顏改　其弦急可整

三三六五　泰山添土壤　一曲醉金卮　方澤水溶溶
春草自鋪煌　野煙生碧樹　魚龍俱得勢

二二六六　嫦娥伴玉兔　嫦娥在月窟　彎弓弦忽改
醉倒桂花叢　三五圓又缺　悵望獨洛嗟

二三六七　龍脫初生骨　籬菊綻金錢　浮雲迷皎月
飛潛花苑中　玉露生秋草　暫時處朦朧

二四六八　山中有一道　綠蟻其佳人　病久遇良醫
不露神仙跡　巫山連楚夢　貴人相提挈

二五六九　珠履騰空去　要看枝上花　流水下高山
一雙鳧上天　卻看花稍[1]月　誰能相止遏

二六七〇　英雄一上將　春草暗連山　珍珠俱已成
來作負荊人　王孫應恨別　何須多草艾

二七七一　畫屏堂半開　○○○○○　舜日得升空
上有丹青筆　○○○○○　堅水須盡什

① 編按：據上文下理，「稍」疑當為「梢」。

二八七二
江漢源流水　月煙夜光圓　黃鶯聲百囀
同來井路中　向曉金烏出　其可樂春遲

三三六七
廟堂知重器　春樹發新條　旅況在窮途
寶鼎玉居先　風光喜戀新　得薪又無火

二二六八
採薇除蔓草　鸞鳳乘何遠　荒田多野草
蜂蝶在紅塵　熊羆夢已回　空自負耕犁

二三六九
當塗白日虎　好花臨水畔　葉落為辭樹
草下現其身　風雨隔前林　正不為幹枝

二四七〇
聚沙為五嶽　自是間門好　柏樹長高崗
一簣豈容虧　須防半疾殃　喬校須出群

二五七一
陽春三月景　名園花果香　良畫惟歸祝
杜鵑花正開　春風皆吹暝　志存楊柳間

二六七二
即墨得神仙　嫦娥在月宮　二將競爭功
飛鳥悉翔舞　秋光共誰處　一得須一失

二七七三
松筠侵日月　芍藥花開遍　水田地中行
星斗見長天　清和轉夏天　江淮朝宗漢

三三六九
飛雲隨水起　浮雲蔽白日　風動水中萍
燕雀語花陰　彷佛見參商　往來無定處

二二七〇
修行下螻蟻　牡丹花半開　兩兩忽交鋒
銜泥疊太山　春色無留意　自當宜謹慎

二三七一
橫池龜曳尾　姻緣此日兼　痴心問人影
入水散清波　只恐姻緣阻　否泰出何心

二四七二
白水對青山　春色天涯遠　田欲成秀苗
玉衡齊七政　燕歸人亦歸　必先除草芥

二五七三
柳岸春風處　寶鏡畫堂前　路遙頻馬往
波紋漾碧天　莫遣青鸞舞　心困與神疲

二六七四
義兵不用詐　灼灼枝上花　喬松方出土
背水戰何因　春時天又雨　難得生嫩枝

三三七一　博浪沙中立　天生連理枝　有金無火煉
海濱車駕行　莫遣風霜苦　作器恐無期

二二七二　隨山刊古木　緣分宜嬌客　明珠生蚌內
鮮食莫山川　難教桂丁香　方寸自然光

二三七三　上陽宮裏人　天外彩雲飛　工師得大木
相伴白雲宿　化作白雲去　以勝棟梁材

二四七四　庭月射花影　雖是好羅裙　廣大置車輪
散作五更怨　猶同紗〇裏　行雖由正路

二五七五　馬陵書大字　鶯花春世界　春魚方跳躍
志有孫龐　咫尺近春逢　得勢漫東流

三三七二　象取斗中氣　樓上有神仙　鞭生庭下長
天■柳絮飛　人間無去客　養竹自萌芽

二二七四　用缶納自牖　冰骨玉肌膚　一刀還兩段
泥途中得興　夏日當炎暑　過意即分明

二三七五	金燈對月華	紅顏對明鏡	男兒衣祿好
	燕疊畫粱巢	幾度插花新	女子命還危
二四七六	水田地中行	結髮望齊眉	酩酊見銜盃
	江漢朝宗海	莫負恩與愛	性真正自在
三三七五	東山煙霧佈	風動玉欄杆	戰馬得金聲
	本棹入扁舟	驚醒花間夢	雄心期便振
二二七六	鴻鵠竟飛鳴	夏木黃□語	聲傳空鵠中
	深居而簡出	梧桐葉早秋	影浸清波下
二三七七	天涯一望中	一花雙結子	石上磨玉簪
	燕雀任來往	惟恐到頭難	不測中有折
三三七七	雷聲震天地	晝夕掩重門	固壘○○處
	草木絕其根	虛空久寂寞	隄防有不虞
二二七八	乘槎浮海上	骨肉前緣定	遊舟入水中
	四面任風吹	修持好閑空	進退不由己

三三七九　八尺長燈檠　長檠照珠翠　塞翁須失馬
清光射白晝　燭影怕風吹　反禍又成福

內一數

二八六九　陰陽皆失位　無極自失宜
流年如遇火　一死復何疑

編後記

「河洛理數」，以河圖、洛書命名，源頭可以追溯到《易傳．繫辭上》：「河出圖，洛出書，聖人則之。」然而河圖與洛書被繪成圖象傳世，則始見於宋代；至於天干地支配數，則據漢代京房易學的原理。故此河洛理數可謂結合上古易學，並與後世兩大流派漢易和宋易共冶於一爐。

傳世《河洛理數》以〈金鎖銀匙〉為壓軸，其文句向來不為世重，應用方法也不甚明白。李光浦老師以〈金鎖銀匙〉結合七政四餘之學，闡釋擇日訣法，自成體系。

古籍中常見有因傳鈔或翻刻等問題而造成的魯魚亥豕錯字情況，而通行本坊本《河洛理數》也是錯字甚多。李光浦老師原稿中引用的《河洛理數．金鎖銀匙》是通行本坊本，可惜通行本坊本版本不佳，錯訛不少。是次整理修訂時，我們參考了海內現存最早及最接近原面貌的虛白廬藏明刻本《河洛理數》(即將出版)中的《金鎖銀匙》與坊本對校，凡遇上異體字並見，則統一以較常用的字體排印，不另標註。並在長達幾個月時間中與李光浦老師經常溝通就《河洛理數．金鎖銀匙》版本文字及條文編號問題斟酌，最後才完成校正書中所引《河洛理數．金鎖銀匙》的內文及條文編號。最後在明刻本的基礎上修訂成本書附錄中的《金鎖銀匙》最佳善本。

例一：〈金鎖銀匙・河洛水部參評秘訣〉之「三三三四」條，第三組：

故宮藏本《河洛理數》（年代比心一堂採用的虛白廬藏明刻本《河洛理數》稍晚），原刻本作：

「？〔編按：原文不清〕吏井駐笛　躁進恐無由」

坊本故宮藏本的排字整理本竟作：

「鬧吏听駐笛　躁進恐無由」

又見坊間網上流傳版本作：

「閑更井駐筆　躁進恐無由」

據虛白廬藏明刻本《河洛理數》，當是：

「閑吏井駐笛　躁進恐無由」

例二：〈金鎖銀匙．河洛水部參評秘訣〉之「二五四〇」條：

虛白廬藏明刻本及通行本，俱作：

「射準於高墉　寶釵金鏡裏」

其中「準」我們認為當作「隼」，典出《易．解．上六》：「公用射隼于高墉之上，獲之，无不利。」若為「射準」則難解。

然而，礙於水平所限，或有粗疏舛漏，祈望四方高明君子賜教指正。

心一堂編輯部謹識

二零一八年歲在戊戌仲冬吉日